中国科技之魂

中宣部主题出版重点出版物

星耀长河 陆　埮

中国编辑学会◎组编

周精玉　掌　静◎著

湖南科学技术出版社

长沙

图书在版编目（CIP）数据

星耀长河：陆埮 / 中国编辑学会组编；周精玉，掌静著. -- 长沙：湖南科学技术出版社，2024. 12.（中国科技之魂）. -- ISBN 978-7-5710-3211-1

Ⅰ. K826.14

中国国家版本馆 CIP 数据核字第 20245TZ531 号

内 容 提 要

陆埮是我国天体物理学领域的巨匠，国内伽马射线暴理论研究的奠基人，中国科学院院士。本书以丰富扎实的文献资料为基础，以时间为经、关键事件为纬，运用传记文学的细腻笔触，图文并茂地勾勒出陆埮"追星逐梦"的科研人生。陆埮自幼怀揣对宇宙的无限好奇，从求学经历的艰辛探索，到科研实践的勇攀高峰；从教育生涯的桃李满天下，到晚年仍心系国家科普事业。陆埮的每一步都诠释了他对科学的热爱、执着与担当。陆埮的人生亦是新中国科技发展历程的缩影。作者通过讲述陆埮的事迹，旨在激发读者追求科学真理，积极投身科技创新，进而为中华民族伟大复兴添砖加瓦、贡献力量。

"中国科技之魂"丛书 ZHONGGUO KEJI ZHI HUN CONGSHU

星耀长河：陆埮 XING YAO CHANGHE LU TAN

◆ 组　　编　中国编辑学会

　　著　　　周精玉　掌　静

　　责任编辑　刘羽洁　邹　莉

◆ 湖南科学技术出版社出版发行　长沙市芙蓉中路一段 416 号泊富国际金融中心

　　邮编　410028　电子邮件　hunankejishe@163.com

　　网址　http://www.hnstp.com

　　北京盛通印刷股份有限公司

◆ 开本：720×960　1/16

　　印张：16.25　　　　　　　2024 年 12 月第 1 版

　　字数：226 千字　　　　　 2024 年 12 月北京第 1 次印刷

定价：89.00 元

丛书序言一

弘扬科技之魂　共筑强国之梦

　　站在新的历史起点，回望过去，在中国共产党的坚强领导下，一代代科技工作者以国家民族的前途命运为己任，投身科学救国、科研报国、科教兴国、科技强国的伟大事业。他们为国家富强前赴后继、接续奋斗，取得了无数举世瞩目的成就，实现了中国科技实力一次次的历史性跨越。这一过程中，孕育形成了内涵丰富、历久弥新的科学家精神，成为中国共产党人精神谱系的重要组成部分，长久涵养后人。

　　习近平总书记指出："科学成就离不开精神支撑。科学家精神是科技工作者在长期科学实践中积累的宝贵精神财富。"科学家的观点和思考可能只适用于某个特定的时期，但他们所代表的科学家精神却能超越个体的差异、超越时间的限制，成为一种普遍的文化遗产和精神财富，不断被传承和发扬。近代以来，那些我们所怀念的来自不同领域的伟大的中国科学家，都在自己所处的那个年代提出和倡导过某个促进科技进步、社会发展的思想、理念、观点，虽内容各异，但核心理念一脉相承——实现民族复兴的坚定信念，正如历史的洪流，滚滚向前。

　　当前，世界之变、时代之变、历史之变正加速演进，全球科技创新进入前所未有的活跃期。面对新一轮科技革命和产业变革，我们比以往任何时刻都更深切地感受到"科技兴则民族兴，科技强则国家强"的要义，实现中华民族伟大复兴之大局呼唤科学家精神，应对世界百年未有之大变局需要科学家精神。

在深入学习党的二十大报告提出的"培育创新文化，弘扬科学家精神，涵养优良学风，营造创新氛围"的号召后，中国编辑学会深感弘扬新时代科学家精神的责任重大、使命光荣。2023年1月，中国编辑学会组织人民邮电出版社、人民卫生出版社、科学出版社等多家科技出版强社，共同策划了一套以中国科学家精神为主题的理想信念科普读物及精品传记力作——"中国科技之魂"丛书，旨在与当前中国科技发展的现状和挑战相结合，更好地反映科学家的精神信仰和社会价值，尤其突出科学家在时代洪流中的具体实践，形成当前新时代背景下可传承、发扬、鼓舞人心的精神力量。

"中国科技之魂"丛书共19分册，以习近平新时代中国特色社会主义思想和党的二十大精神为指导，以对"中国科学家精神""中国共产党人精神谱系"等"新时代、新精神、新思想"的"新解读"为定位，选取19位政治立场正确、党和人民高度认可、在各自领域做出杰出贡献的泰斗级中国科学家，描绘他们热爱党和人民、热爱科技事业、热爱生活的鲜活形象，详述他们可贵的精神品质、突出的科技贡献、创新的思维方式、丰富的生平故事、独特的人格魅力，大力弘扬以"爱国、创新、求实、奉献、协同、育人"为内涵的中国科学家精神，展现以伟大建党精神为源头的中国共产党人精神谱系，尤其突出新时代新思想背景下，传承中国科技之魂对赓续创新奋斗的精神血脉、凝聚民族复兴的磅礴力量的战略意义，启迪中国科技工作者自觉践行、大力弘扬精神之魂，投身科技创新，建设科技强国，让大众深刻理解科学家精神的时代价值和历史意义，激发全社会的科学兴趣和创新热情。

中国编辑学会高度重视"中国科技之魂"丛书的出版工作，集多家科技出版强社的合力精心打造，成立了审读顾问委员会，对丛书架构、目录、样章等多次进行详细指导、审校；成立了编委会，统筹安排出版工作，把握整体进度；成立了出版工作委员会，开展丛书出版过程中的组织与协调工作；

充分调动了相关部委和单位的力量，组织了强大的写作团队，各分册均由科学家、科学史资深研究者、党史党建专家、宣传思想工作专家等组成写作班子；力推融合出版，融文、图、音频、视频、动画等于一体，最大限度地提升读者的阅读体验，确保"中国科技之魂"丛书在内容上权威、专业、生动，在形式上创新、多元、互动。

"中国科技之魂"丛书是对中国科学家精神的汇聚，向世界展示了中国科学家的卓越智慧与崇高追求，如繁星璀璨，照亮人类文明的灿烂星河，指引后人不断奋进。出版"中国科技之魂"丛书是对时代的献礼，对历史的致敬，更是对未来的期许，让科学家精神在新时代绽放出新的光芒，这是科技出版人对时代、对历史、对未来的深切责任与庄严承诺。我们坚信，"中国科技之魂"丛书将成为传承科学家精神、弘扬科学文化、激发创新活力的重要载体。让我们携手前行，为实现中华民族伟大复兴的中国梦贡献科技出版人的智慧和力量，在新时代的征程上，共同书写中国科技事业的辉煌篇章，铸就人类文明的新辉煌！

中国编辑学会会长
"中国科技之魂"丛书编委会主任
2024 年 12 月

丛书序言二

传科技之魂　燃复兴之光

科技兴则民族兴，科技强则国家强。党的十八大以来，以习近平同志为核心的党中央深入推动实施创新驱动发展战略和人才强国战略，提出加快建设创新型国家的战略任务，确立 2035 年建成科技强国的奋斗目标。党的二十届三中全会提出，教育、科技、人才是中国式现代化的基础性、战略性支撑。要优化重大科技创新组织机制，加强国家战略科技力量建设，统筹强化关键核心技术攻关。在中国共产党的正确领导下，一代代科技工作者以国家民族的前途命运为己任，投身科学救国、科研报国、科教兴国、科技强国的伟大事业。他们宛如璀璨星辰，照亮了强国建设和中华民族伟大复兴之路。习近平总书记号召我们要传承老一辈科学家以身许国、心系人民的光荣传统，把论文写在祖国的大地上。

正是在这种背景下，中国编辑学会组织多家出版单位编写了"中国科技之魂"丛书，精心选取 19 位在工业、农业、卫生、国防、基础学科等领域做出杰出贡献的泰斗级科学家。这些科学家政治立场坚定，深受党和人民敬重，在各自领域的贡献卓著。丛书描绘了他们热爱党和人民、热爱科技事业、热爱生活的鲜活形象，详述了他们丰富的生平故事、可贵的精神品质、独特的人格魅力、创新的思维方式、突出的科技贡献。他们的一生，是对科学真理不懈追求的一生，是对国家和人民无限忠诚的一生；他们的事迹，不仅是个人的荣耀，更是时代的缩影。他们的精神启迪着广大科技工作者自觉践行和大力弘扬求疑问真、严谨求实的科学家之魂，展示了中国特色社会主义道路的科技自信和文化自信，体现了"科技为民"的初心和使命，同时也让大众深刻理解科学家精神的历史意义和时代价值。他们不仅激励着我们这一代科技工作者，更影响着未来无数的科研人员，以实现为党和国家"立心"，为科技强国"立力"，为民族复兴"立基"，为人民健康"立命"，为青少年"立志"。

科技是人类进步的阶梯，是打开未来大门的钥匙。在当前这个科技迅猛发展的时代，我们比以往任何时候都更加需要科学家精神的指引。一代人有一代人的奋斗，一个时代有一个时代的担当。"中国科技之魂"丛书的出版是对历史的致敬，对时代的献礼，更是对未来的期许，让科学家精神在新时代绽放出新的光芒。它提醒我们，无论科技如何进步，科学家的责任感和使命感永远不能减退。我们坚信，"中国科技之魂"丛书将成为传承科学家精神、弘扬科学文化、激发创新活力的重要载体，为实现中华民族伟大复兴的中国梦贡献智慧和力量。

希望广大读者能从这套丛书中感受到科学家们的伟大精神，汲取奋进力量，积极投身科技创新与民族复兴的伟大事业。今有感书将付梓，谨呈敬意，是为序。

中国工程院院士、国医大师

中国中医科学院名誉院长

天津中医药大学名誉校长

"中国科技之魂"丛书编委会主任

2024 年冬于天津静海团泊湖畔

本书序言

作为中国科学院紫金山天文台的现任台长，亦是陆埮院士昔日的同僚与后学，能为此书作序，我深感荣幸。陆埮院士，我国天体物理学界的泰斗，他的一生是追求科学真理、献身科研事业的光辉一生，也是对中国科学家精神的最生动的诠释。

1932 年，陆埮诞生于江苏常熟这片灵秀之地，自幼便对天文、物理怀揣着无限的好奇与热爱。从北京大学物理系毕业后，他于 1958 年至 1978 年间，先后在中国科学院原子能研究所、哈尔滨军事工程学院、长春防化学院以及南京电讯仪器厂等单位辗转任职，最终于 1978 年调入南京大学天文系，2003 年又调入中国科学院紫金山天文台，并在此度过了他科研生涯的最后一段时光。

他对待科学，总是怀揣着孩童般的好奇与热情，无惧困难，不畏失败，勇往直前，只为探寻那些隐藏在宇宙深处的未知答案。他常言，做科研不能马虎，每一个数据、每一个结论，都要经得起时间的考验。他的严谨与认真，让我深切感受到一位科学家对知识的无比尊重与敬畏。这份对科学的敬畏之心，正是我们当代科学家所亟需的瑰宝。同时，陆埮院士始终保持着学者的谦逊与纯洁，淡泊名利，这种品质在当今浮躁的社会中尤为难能可贵。

在粒子物理、高能天体物理和宇宙学等广袤领域，陆埮院士挥洒汗水，留下了深厚的足迹，推动了中国伽马射线暴、脉冲星、奇异星等理论研究的蓬勃发展。他的科研成果，不仅在国内学术界产生了广泛影响，也在国际学术界赢得了高度的赞誉与认可。这既是他个人的荣誉，更是我们国家的骄傲。

除了科研成就斐然，陆埮院士还是一位杰出的教育家和青年学者的引路人。他为人师表，诲人不倦，培养了一大批优秀的天文和物理人才。在紫金山天文台工作期间，他悉心规划相关研究领域的发展蓝图，为青年学者提供了宝贵的科研机会和成长平台。他的学生遍布五洲四海，许多人已成为我国天文学界的佼佼者。这正是他科学精神的传承和发扬，也是我们国家科学事业赓续发展的希望所在。

此外，他还心系国家的科普事业，是一位深受老百姓喜爱的科普工作者。陆埮院士早年便开始撰写科普图书，经常在繁忙的会议与出差之余，抽出宝贵时间做科普报告。他的科普著作与报告，不但深刻厚重、不失专业水准，而且形象生动、通俗易懂，无论是小学生、高校老师还是业余爱好者都能从中受益。

陆埮院士的一生，是热爱祖国、崇尚科学、追求真理的传奇一生。他为人谦虚谨慎，作风正派，待人诚恳。他的高尚品格与科学家精神，是我们紫金山天文台乃至整个科技界的宝贵财富，值得我们永远铭记与传承。"路漫漫其修远兮，吾将上下而求索。"我衷心希望能让更多人了解陆埮院士的生平与科研精神，并从中汲取力量与智慧，为我国的科技事业再创辉煌！

赵长印

2024 年 12 月

前　言

    在科学的浩瀚长河中，总有一些名字如同璀璨的星辰，以其独特的光芒照亮着人类探索的征途。陆埮，中国天文学界的一颗"奇异星"，他的名字本身就充满故事。埮，读作"tán"，寓意地势平坦而狭长，却因生僻而常被人误读、错写，以至于他曾笑言，连汇款这样的小事都变得颇为麻烦。他的一生，可谓是跨界与探索的传奇。穿过军装，烧过锅炉，学过木匠，他的经历丰富多彩。更令人称奇的是，在20年里，他与同学笔耕不辍，写下了近3000封科研信，这段佳话在科技界广为流传。原本深耕于原子核物理的他，却剑走偏锋，"半路出家"，将研究方向从"地上"转向了"天上"。这一转，转出了我国天文学界的一位泰斗级人物。陆埮在奇异星、脉冲星以及伽马射线暴等方面做出了开创性的贡献，他的研究成果不仅填补了国内相关领域的空白，更在国际上产生了广泛而深远的影响。作为院士，他被众多年轻博士、专家私下尊称为"祖师爷"，但他的科普报告却深受大众喜爱，让科学知识变得亲民而生动。如今，我们怀揣着对历史的敬畏与对科学的崇敬，将陆埮的生平事迹写成这部《星耀长河：陆埮》，以飨读者，以志纪念。

    本书力求以严谨的历史视角，全面、真实地再现陆埮先生作为科学家和教育家的非凡人生。全书内容详实而生动，主要分为4个篇章，每个部分都精心编排，层层递进，以展现陆先生不同阶段的人生轨迹和学术成就：第一篇"云山苍苍水泱泱"，追溯了陆先生生平的多个方面，展现了他作为科学家和教育家的辉煌成就与个人品德；第二篇"少年壮志当凌云"，讲述了他从少年时期到青年时期的成长经历，包括家庭环境的影响、求学经历、学术起步以及爱国情怀的萌芽；第三篇"任尔东西南北风"，描绘了他在科研和生活中面对各种困境时的坚韧不拔和执着追求；第四篇"一飞直上九重天"，则是对他在科研领域的高光时刻以及他对科学界的广泛影响的记录。晚年，他更是成为连接科学和社会的桥梁。尾声"心寄星空脚笃行"，是对陆先生精神的又一次深情致敬，以及对他一生足迹的回顾。

陆埈为人低调，在撰写过程中，我们尽量广泛搜集并整理了陆埈先生的相关资料。从他的学术论文、演讲稿、日记、信件中，我们捕捉到了他科学思想的火花和教育理念的精髓；从他的同事、学生的回忆和访谈记录中，我们感受到了他作为师长的慈爱和作为学者的风范。这些珍贵的第一手资料，为我们还原了一个真实、立体的陆埈先生形象，也让我们更加深刻地感受到了他对科学的热爱和对教育的执着《星耀长河：陆埈》不仅是一部个人传记，更是一部反映中国近现代天文学发展历程的重要文献。陆埈的学术思想、科研成果以及他在教育领域的贡献，都在这部传记中得到了详细的记录和分析。我们相信，这部传记的出版，将对研究天文学史、科学教育史以及个人与国家发展关系等领域，产生深远的影响和积极的推动作用。

在此，我要感谢所有参与这部传记编写的同仁，以及那些在陆埈生命中留下印记的人们。让我们共同铭记陆埈院士的一生，让他的精神和智慧如璀璨的星河，永远照亮后人的道路。

周精玉　掌　静

2024 年 12 月 17 日

陆埮
1932—2014

　　将来的高科技发展，必然也要仰仗我们今天的基础科学研究。显然，这个工作需要很强的事业心，要求人全身心地投入工作。为祖国的强大、为科学事业的发展而刻苦奋斗的决心是事业成功的最终保证。

目　录

序　幕　天上人间求之遍   001 ～ 008

第一篇　云山苍苍水泱泱   009 ～ 030

第一章　宇宙有星名陆埉   010

     天外树丰碑   010

     典刑在夙昔   011

     斯人传不朽   012

     群星闪耀时   013

第二章　天体物理铸华章   015

     遥迢科研路   015

     只要肯登攀   016

     业内第一流   017

     天问铸华章   018

第三章　桃李春风育英才　　　　　　　　　　020

　　　品修真师范　　　　　　　　　　020

　　　教学称相长　　　　　　　　　　021

　　　亦师亦亲友　　　　　　　　　　022

　　　桃李成栋梁　　　　　　　　　　023

第四章　神州有此国之光　　　　　　　　　　025

　　　为学称海内　　　　　　　　　　025

　　　修身昭世人　　　　　　　　　　026

　　　矢志兴华夏　　　　　　　　　　027

　　　堪当国士任　　　　　　　　　　028

第二篇　少年壮志当凌云　　　　　　　　031～084

第一章　学海茫茫矢以航　　　　　　　　　　032

　　　灵秀育英杰　　　　　　　　　　032

　　　家风诗书扬　　　　　　　　　　034

　　　少年凌云志　　　　　　　　　　036

　　　燕园好时光　　　　　　　　　　045

第二章　书生报国着戎装　　　　　　　　　　055

　　　丹心图报国　　　　　　　　　　055

　　　儒冠更戎装　　　　　　　　　　058

　　　坚贞固其志　　　　　　　　　　061

长歌从军行 063

第三章　别有根芽志科研 066

　　兢兢尽本职 066

　　别有慧根芽 069

　　夙夜未尝懈 073

　　岂是早前定 076

第四章　此生情系哈军工 078

　　身心付家国 078

　　北国教书人 079

　　一段难忘岁 080

　　此生不了情 081

第三篇　任尔东西南北风 085～130

第一章　一生一世一双人 086

　　有缘千里会 086

　　冷暖两心知 090

　　白首不分离 092

　　同尝酸苦甜 094

第二章　经霜松柏有本性 098

　　霜雪不眠夜 098

伏案亦怀忧　　　　　　　　　　　　　100

疾风知劲草　　　　　　　　　　　　　102

默守待曙时　　　　　　　　　　　　　105

第三章　工作科研二得兼　　　　　　　108

复员金陵城　　　　　　　　　　　　　108

得暇便科研　　　　　　　　　　　　　111

熊掌鱼兼得　　　　　　　　　　　　　114

身苦心安然　　　　　　　　　　　　　117

第四章　艰难困苦玉汝成　　　　　　　122

咬定不放松　　　　　　　　　　　　　122

藏器以待时　　　　　　　　　　　　　124

但问耕耘力　　　　　　　　　　　　　126

积健自为雄　　　　　　　　　　　　　128

第四篇　一飞直上九重天　　　　　131～221

第一章　鸿雁往来探真妙　　　　　　　132

三人同此心　　　　　　　　　　　　　132

笔墨最传情　　　　　　　　　　　　　136

往来成巨帙　　　　　　　　　　　　　140

书简堪奇异　　　　　　　　　　　　　146

第二章　　勇易途辙岂墨守　　152

戴公识良才　　152

南大桃李芳　　155

顺时微转宏　　161

花明又一村　　166

第三章　　厚积薄发结硕果　　172

济济多俊良　　172

射线新创见　　178

心事连广宇　　182

提携后来人　　185

第四章　　玫瑰赠与众人香　　196

学问天下器　　196

雅俗当共赏　　204

致敬先贤业　　209

大地书华章　　215

尾　声　心寄星空脚笃行　　223～226

陆埮大事年表　　227～230

参考文献　　231～233

后　记　　234～235

序幕

天上人间求之遍

在璀璨的宇宙星河中，伽马射线暴[1]以其短暂而强烈的光辉，成为天文学中最令人瞩目的奇观之一。它们如同宇宙深处的神秘信号，挑战着我们对宇宙极端事件的认知和理解。在这场对宇宙奥秘的探索中，陆埮院士，这位科学巨匠，以其对宇宙伽马暴的深刻洞察和不懈追求，为我们揭开了宇宙最为迷人、最为深层的奥秘。

这也是一个关于"众人拾柴火焰高"的故事。陆埮，生于一个动荡不安、战火纷飞的时代，但他依然心怀梦想，拥有敏锐的洞察力、独立的精神和自由的思想，对科学研究充满了热情和执着。陆埮、罗辽复、杨国琛，三位年轻才俊在北京大学同窗共学，皆聪明能干且胸怀大志，人生的道路尚有无限的可能。陆埮不受门户之见的束缚，不陷于派别之争的漩涡，始终坚持"吾爱吾师，吾更爱真理"的信念，在追求真理的道路上不断前行。

三人搞科研的风格很有特色，都把"大胆假设，小心求证"这句话奉为科学研究的金科玉律。他们敢于设想，善于设想，并能设计出精细化的实验来加以验证。相比于那些循规蹈矩、墨守成规的同道，他们已经走在了前列。他们主要从事基础科学方面的研究，接触比较多的是理论研究领域。然而，深受北京大学物理系黄昆、虞福春、王竹溪等前辈的影响，他们始终坚持理论与实践相结合的原则，尽可能让自己提出的理论模型与实验结果相吻合，把能否通过实验验证作为检验理论模型合理性的唯一标准。

大学毕业后，陆埮辗转去了哈尔滨，罗辽复被分配到内蒙古大学，杨国琛被分配到天津河北工学院，从此三人天各一方，难得相见。但距离并没有成为他们一起合作搞科研的障碍，不久他们就通过书信往来的方式讨论一些物理难题和共同感兴趣的课题，一段传奇的"书信科研"故事由此拉开序幕。

科学研究是一段漫长而孤独的旅程，需要艰辛而细致地长期投入，要敢坐"冷板凳"，能做"守夜人"。无数个日日夜夜，陆埮凭借手中的笔和桌上的稿纸，不依靠任何现代化的计算工具，进行着复杂而严密的演算推理。一

1　伽马射线暴简称伽马暴（Camma Ray Burst，GRB）。

行又一行，一张又一张，密密麻麻的计算公式凝聚了心血，铸就了理想。一旦得出合理的初步结论，他就会将其誊抄到书信上，一式三份，一份留底，其余两份寄给远方的罗辽复和杨国琛。三个人会根据信件内容详细讨论，找出一个最合理的理论方案，再加以进一步的论证，综合实验中得出的各种数据，最终给出结论。在那段激情燃烧的岁月里，陆埮从事着高深复杂、推导繁琐的科学研究，同时还保质保量地完成教学任务，身兼两职，既做科研又搞教学，虽然十分忙碌，精神却很充实。

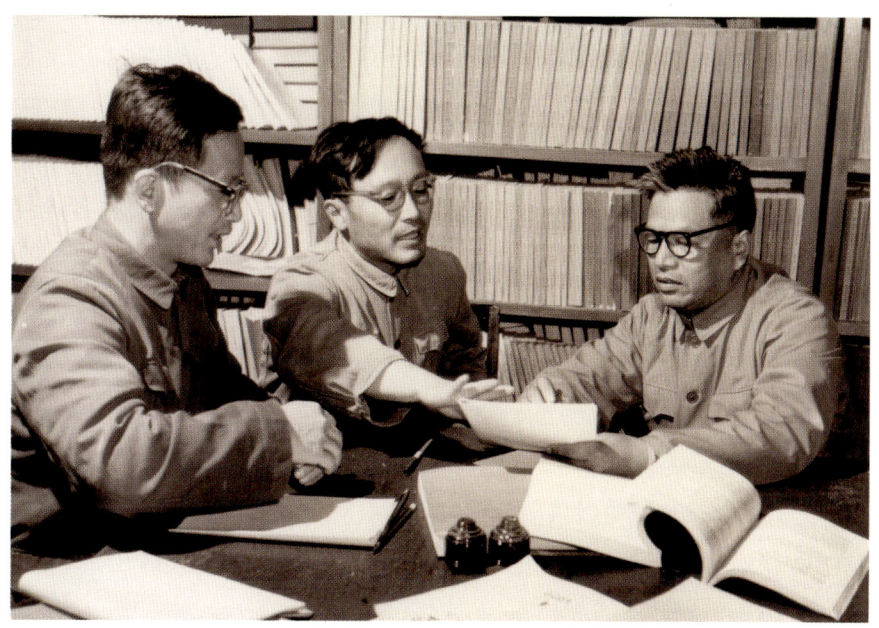

1980 年陆埮与罗辽复、杨国琛共同探讨学术问题（摄于内蒙古，右一为陆埮）

　　陆埮的业余科研并不是随意为之，并不一味去追逐所谓的热点问题，其科研选题始终遵循着一个大的方向：一定要在前人已经取得成果的基础上更进一步，争取实现"长江后浪推前浪，一代新人胜旧人"的愿景。他们三人的研究工作所取得的成果既能形成逻辑推导的严谨链条，达到逻辑自洽，又能够在许多普通实验中被重复出来，具有较强的可再现性，并具备一定的应用推广价值。他们确定的每一个研究课题都是以实验为基础的，通过实验来检验、修正和完善理论；同时，又通过理论上的推导来指导和改进实验，使实验和理论能够互相补充、互相促进。这是中国微观粒子物理研究史上的一段佳话。

　　"文化大革命"结束后，陆埮去了江苏，并在那里扎下了根。他的研究方向也开始向高能天体物理集中，特别关注伽马暴、奇异星、脉冲星、中子星等方面，研究主次明确，层层深入。他从之前的物理研究中脱身，转而投身于宏观的天体物理研究，逐渐形成了自己的研究团队，并取得了一系列令人瞩目的科研成就。职务不断晋升，荣誉接踵而至，标志着陆埮步入了大科学、大学问的殿堂。1978 年，陆埮调入南京大学天文学系，并于 1979—1995 年，担任南京大学天体物理研究室主任；1981 年，在南京大学加入中国物理学会，并担任《物理学进展》副主编，直到 2009 年因事务繁忙而改任顾问编委。同时，他还担任了《中国物理快报》《科学》《天文学进展》等期刊的编委；1982 年，由中国天文学会推荐，加入国际天文学联合会（IAU），成为该联合会会员以及第 47 届和第 48 届专业委员会成员；1984 年 1 月，晋升为博士生导师，获得了培养天文学博士的资格；1985 年，正式开始招收博士研究生。他对这些学生寄予厚望，想把他们培养成自己的学术接班人，以便齐心协力地合作攻关科研项目；1986 年 5 月，参加了在南京大学召开的 IAU 第 125 次研讨会——中子星起源与演化，并在开幕式上致辞。同时，担任科学组织委员会委员和地方组织委员会两主席之一；2003 年，调入中国科学院紫金山天文台工作，同年 11 月当选为中国科学院院士；2004 年起，担任中国物理学会引力与相对论天体物理分会主任……

　　陆埮从一个自己熟悉的领域，转入了一个陌生的、刚刚起步的领域，最好的办法就是找到二者之间的共通点，继而把共通点发展成为二者的结合点。这个结合点就好似一座桥梁，连接着新旧两个领域，使天堑变通途。而从粒子物理转向天体物理，最佳的结合点便是研究宇宙大爆炸后的早期宇宙的宇宙学、高能天体物理及致密星。陆埮在年逾七旬的时候，还奔走在科研一线，不知疲倦，他那饱满的工作热情、充沛的工作精力、超长的工作时间，令许多年轻的科研人员都自叹不如。2006 年，在他的谋划之下，南京大学与紫金山天文台共同筹办了粒子 – 核 – 宇宙学联合研究中心，并由陆埮这位老将出马，亲自挂帅，担任该中心的主任。陆埮认为，宇宙学从本质上看是科学与哲理的融合，它不仅反映了天文研究的方法和成果，还揭示了宇宙之美及其背后的规律。通过研究宇宙学，人们将会发现天文学并不神秘，而是充满浪漫与真实。科学技术可以帮助人们逐步解开宇宙中的一个个未解之谜，同时又会不断发现新的挑战。在解决一个矛盾的同时，又会发现另一个新的矛盾，就是在这种"发现与解决"的循环中，人们的认识不断提高，人类的科技不断取得进步。

2006 年 1 月 "粒子 – 核 – 宇宙学联合研究中心" 成立大会、学术委员会会议暨学术研讨会合影

"学为人师，行为世范"，陆埮同时也十分关心爱护自己的学生，对自己的学生有很明晰的人生规划，为学生未来的发展想得很长远。这种思虑和对自己孩子的关注相比，有过之而无不及。陆埮对学生关怀备至、有求必应，

始终把师生之间的相遇视作一种难得的缘分。大家有什么困难需要帮忙，他总是毫不吝惜地伸出援助之手，对其中涉及的利益毫不计较。

以上所介绍的，是本书主人公陆埮人生中的一些重要片段以及他高尚的品格。他的一生丰富多彩，饱经沧桑却始终乐观。陆埮院士的科研生涯，始于对微观世界的探索，却最终在宏观宇宙的舞台上绽放异彩。他将毕生的精力投入到对宇宙伽马暴的研究中，这些研究不仅推动了天文学的发展，更拓展了人类对宇宙的认知边界。他以深邃的洞察力和不懈的探索精神，引领我们走向对宇宙奥秘的深入理解。

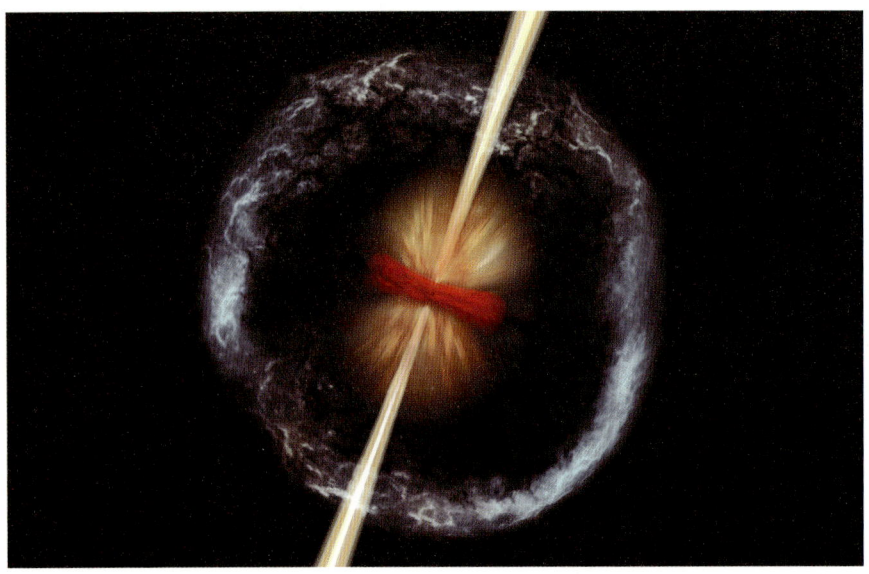

宇宙中的"能量烟花"——伽马射线暴示意图

陆埮院士的一生，是对科学之魂的执着追求和对科学精神的崇高践行。他的故事，不仅是一部关于智慧、勇气、团结与奉献的壮丽史诗，更是每一位科学爱好者与求知者所敬仰的典范。他的名字，亦成为科学探索精神的象征，成为无数科学工作者心中的灯塔。他的贡献，不仅推动了科学的发展，更丰富了人类对宇宙的认知。在《星耀长河：陆埮》的故事中，我们将见证一位伟大的科学家如何以科学之魂，点燃探索宇宙的熊熊火炬，照亮人类探索未知世界的求知之路。

宇宙绵邈造化功

粒子微妙意无穷

天上人间求之遍

此心光明论英雄

地北天南行路远

幽谷乔木频变迁

沧桑难摧磐石烂

抚卷又是几多年

桃李春风满院栽

道德文章济世才

河汉清浅星长耀

春秋史笔写胸怀

第一篇
云山苍苍水泱泱

星汉灿烂，宇宙浩瀚。陆埮一生以实际行动践行着
中华民族的深厚文化底蕴与崇高美德，他不仅是一
位杰出的科学家，更是中华优秀文化的展现者。他
以智识铸丰碑，心怀家国，修身立德，矢志科研，
桃李满天下，光辉照神州。其人其事，如云山苍苍，
河水泱泱，传颂不朽，激励后世。

第一章　宇宙有星名陆埮

天外树丰碑

　　2012 年 2 月 23 日，经国际天文学联合会小行星命名委员会批准，1998 年 2 月 23 日由中国国家天文台发现、国际永久编号为 91023 号的小行星被命名为"陆埮星"，以表彰陆埮为天文学研究做出的杰出贡献。以个人的名字给小行星命名，这是一项国际性、永久性的荣誉，在我国获此殊荣的还有钱学森、袁隆平、吴孟超、钱三强、屠呦呦、陈景润、南仁东、钱伟长、茅以升、樊锦诗等人，他们都对国家的建设、民族的发展、时代的进步做出了重大的贡献，值得人们永远铭记。以他们名字命名的璀璨群星，也守望着万里长空，在每个夜晚照亮人间前行的路。

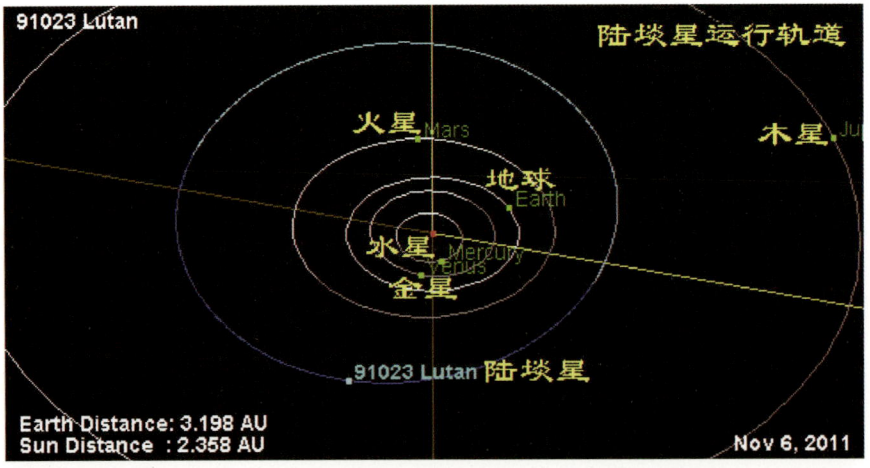

"陆埮星"运行轨道图

古往今来的豪杰之士往往建功立业于人世间，可感可视。陆埮的成就却源自浩瀚无垠的"长生天"，不落人寰。无穷无尽的宇宙、形貌各异的星云、瞬息万变的射线、方生方死的埃土等都是陆埮的研究对象，亦是他的情之所寄、命之所托。他好似就是为此而生，别无所念。

别人赖以流传于世的，或是用不易风化的坚硬岩石雕刻的石碑，或是被众人称赞的口碑，而陆埮将自己的丰碑树立到了天外，犹如天空中的一颗恒星，其传承之久远、光辉之灿烂，卓尔不群，堪称一流。

典刑在夙昔

中华民族是一个尊重自己历史文化传统的民族，其精神血脉纵经历数千载雨雪风霜而未尝中断，绵延不绝，以迄于今日。精神血脉何以传承？即在于历代志士仁人以人格之光辉照亮历史传统，以己身为传火之薪，不惧燃烧，相继传递。煌煌史册俱在，览者岂能无感于心，无动于情？

陆埮的为人操守、处世风格、待人原则、接物态度都是值得我们学习的。他不仅是我们的榜样，更是中国古老精神血脉的传承者，是道德文章、事业功绩上的典范。

文天祥的千古绝唱《正气歌》中有这样的诗句："悠悠我心悲，苍天曷有极。哲人日已远，典刑在夙昔。风檐展书读，古道照颜色。"陆埮虽已魂归道山，离我们远去，但他的思想、言语、文字仍存留于卷册之中。深夜孤灯之下，展卷捧读，纵不能亲见，亦可想象其为人，平生之风采样貌，跃然纸上。

陆埮是今世的一个典型、一个榜样，"前哲未远，执弟子礼甚恭"。他一生所成就的事业是不可再造的，是独属于他一人的，但他的精神、品格、修养却值得我们去效仿践履，将之视为人生发展的一种有效路径。如此，不仅不会走弯路，更会走上一条前辈业已用毕生的心血证明了的正确道路。踵武前哲之迹，其意义大略在此。"高山仰止，景行行止。虽不能至，心向往之。"陆埈的形象就像一座巍峨的高山，横亘在我们面前，这种境界或许难以达到，但值得终生向往。

斯人传不朽

　　一个人想要不朽于世，名垂青史，往往有三条路径可供选择。第一条是提高自己的道德修养，使自己成为道德上的完人，是谓"立德"；第二条是安邦定国、济世扶危、建功立业，以一种用世的情怀，建立功勋，扬名立万，是谓"立功"；第三条是著书立说，创立某种学说，讲古人所未讲，言古人所未言，开宗立派，独创新见，是谓"立言"。三条之中做到任意一条，便足以名垂青史，流芳千古了。做到其中两条，更是声名远播，为人称道。三条都能做到的，古往今来受到大家公认的仅有少数杰出人物。一位是明朝中期的王阳明，他敢于直谏，体恤百姓；平定叛乱，剿灭土匪；源自本心，创立致良知之学，三者俱备，成为有明一代之典型。另一位则是清代的曾国藩，他精忠报国，为官廉正；戎马倥偬，转战南北；勤于著述，所写文章被后世辑为《曾文正公全集》，亦是有清一代之楷模。

　　陆埈的一生是极不平凡的，他勤奋严谨，志存高远，心怀家国，其一生的心血都倾注在"立德、立功、立言"这三个方面，且均有极高的建树，足以传之不朽。

　　立德：陆埈是一位谦谦君子，他的品行是君子人格的真实写照。于国，他秉持"苟利国家生死以，岂因祸福避趋之"的原则，怀抱满腔热血，与国家同呼吸共命运；于家，他坚守"一粥一饭，当思来之不易；半丝半缕，恒念物力维艰"的习惯，艰苦朴素，克勤克俭；于身，他坚定"吾爱松柏梅兰友，任尔东西南北风"的信念，清介自持，百折不挠。

立功：陆埮在调入中国人民解放军军事工程学院（也常被称为"哈尔滨军事工程学院"，简称哈军工）之后，获得军籍，成为一名光荣的军人，为国防科技的现代化建设及国防人才的培养做出了重要贡献。之后，他复员到南京电讯仪器厂，在那里他改进原有的计算方式、引入先进的计算仪器、找准最新的市场需求，独当一面，厥功甚伟。调入南京大学（简称"南大"）之后，厚积薄发，事业迎来了高峰。陆埮在课堂教学、科学研究、研究生培养等方面，颇有建树，成绩斐然。宋代苏东坡有句云："问汝平生功业，黄州惠州儋州。"论及陆埮院士的毕生功业，其工作之地遍及哈尔滨、长春、南京等地，其事迹则涵盖教学、科研与学术传承等诸多领域。

立言："文章千古事，得失寸心知。"陆埮一生笔耕不辍，勤于著述，可谓著作等身。早在哈军工时期，他便开始自编"原子核物理"这门课的讲义，装订为两大册。在从事业余科研期间，他与好友以书信的方式讨论、切磋学问。往来信函累计三千余封，构成了一部宏大的学术交流记录，这些信件都是不可多得的研究科研心路历程、探究科研方法途径的宝贵资料。在此期间，他还与好友合作，共同发表了40多篇学术论文。调入南京大学从事专职科研后，陆埮的科研成果如井喷般涌现，一篇篇学术论文、一份份学术报告接连问世，犹如雨后春笋，令人目不暇接、赞叹不已。他还出版了多种不同类型的科普著作，用以普及科学知识、传播科学文化，惠及世人。

群星闪耀时

中华文明源远流长，各个领域都有杰出的代表人物，如"书圣"王羲之、"医圣"张仲景、"诗圣"杜甫、"画圣"吴道子、"药圣"李时珍、"茶圣"陆羽，诸如此类，不胜枚举。陆埈亦是我国现代天文学界的代表性人物，他在自己专业领域内所取得的卓越成就，即便是与古圣先贤相比，亦不遑多让。

英雄应时势，时势造英雄。陆埈幼年时，国家沦丧，炮火连天，生灵涂炭，日本侵略者的铁蹄肆意地踩躏着中华大地。抗战胜利后，在国民政府的腐朽统治下，政治黑暗，民生凋敝，物价飞涨，物资奇缺，人民生活在水深火热之中。陆埈时常怀有"天下兴亡，匹夫有责"之志，想要"亟拯斯民于水火，切扶大厦之将倾"，此志心中藏之，无日忘之。不久，人民新政权诞生，一元伊始，万象更新。他乘着浩荡的时代东风，努力学习，尽情求知。走出校园后，他将全部的精力和热情都投入到社会主义现代化建设中。在那些激情燃烧的岁月里，他收获过喜悦，亦饱尝过辛酸；经历过重逢，又体会过离别；接受过荣誉，同样忍受过委屈。可以说，他是紧随着中华人民共和国发展建设的步伐成长起来的。"共和国一代"肩负着历史的使命，苦难见长成，困乏亦多情，不惧艰险，排除万难，用自己的青春与热血为祖国的建设事业添砖加瓦。陆埈也是那千千万万中的一分子，亦对此倍感荣耀，深感自豪。

昔时人物，虽风流云散，但他们所建立的不朽功勋却永远值得我们铭记。没有前人栽树，哪有后人乘凉？吃水不可忘了挖井人。

心香一瓣，祝而祷之：如烟往事俱忘却，德行散作满天星。

第二章　天体物理铸华章

遥迢科研路

"路漫漫其修远兮，吾将上下而求索。"陆埮的科研之路崎岖坎坷，道阻且长，富有传奇色彩。今天的科研人员恐怕已难以想象到陆埮开始从事科研时的困难程度——无依无恃，全凭自己。用《红楼梦》作者曹雪芹所写的开篇诗来概括便是："满纸荒唐言，一把辛酸泪。都云作者痴，谁解其中味。"

陆埮大学毕业后，未能如愿进入科研院所从事专职科研工作。但他没有放弃最初的梦想，而是努力克服困难，搞起了业余科研。没有任何的经费支持，他便勒紧裤腰带，省吃俭用，将自己的物质生活降到了最低，用省出来的钱购买学术著作、科研杂志和大量的演算稿纸，以精神世界的丰富来抚平物质世界的贫瘠。没有专设的科研时间，他便珍惜每分每秒，在保质保量地完成本职工作之后，牺牲自己的休息时间，挑灯夜战，伏案于寒窗之下，直到天明。

特别是在"文化大革命"那个特殊的年代，陆埮争分夺秒地从事业余科研的行为，不仅没有得到丝毫表扬，反而遭受了严厉的批判。当时的人们自有一套思维逻辑，他们认为陆埮搞业余科研是个人私心杂念极度膨胀的表现，是把个人利益凌驾于集体利益之上的行为，是落后的世界观未得到充分改造的集中体现，实在是藏在人民之中的一个"坏分子"。陆埮对所有的污蔑之词都不予理会，任凭风吹浪打，仍坚守在自己的岗位，用实际行动来发出无声的抗议。

陆埮与友人进行科研交流的形式也堪称奇异，在中国现代科学发展史上留下了浓墨重彩的一笔。他们通过书信的方式，记录下自己的思考灵感与理论推导，托付鸿雁，往来传递，持续数十年而不辍，最终积累了三千多封书信，洋洋洒洒几百万字。著名文学家柯岩还根据他们的事迹创作了一篇名为《奇异的书简》的报告文学，脍炙人口，传为佳作。

"博观而约取，厚积而薄发。"陆埮正式开始科研之后，新见迭出，成果纷纷涌现，前面数十年的坚守与努力终于换来了这"不飞则已，一飞冲天；不鸣则已，一鸣惊人"的高光时刻。若无百转千回苦，如何汇流集大成？

只要肯登攀

"三更灯火五更鸡，正是男儿读书时。"古人用这句话来夸赞勤奋向学之士，而这样的生活对陆埮来说实属常态。一年三百六十五日，皆是书斋苦夜行。每个人的一天都只有二十四小时，如何有效地利用，就显得尤为关键。陆埮充沛的精力和旺盛的活力令人感叹不已。他白天事务缠身，既要完成教学任务，又要参加各种思想政治学习，这样劳顿一天之后，常人往往疲惫不堪，回到宿舍倒头就睡。而别人一日的结束，却是陆埮每天业余科研的开始。陆埮曾说过："学如逆水行舟，不进则退。"已经习得的知识体系也会遵循自然界的热力学第二定律，自发地从规则演变到无序，混乱程度不断地增加。要想维持一种有序的状态，就必须不断做功，不断向这个体系中输入能量。具体到知识体系上，就是要不断地学习新知，同时温习旧知，这样才能持久稳定。陆埮对学习无丝毫放松，不断地追求精进、追求完善，纵然舍弃一切休息时间，亦无怨无悔，这正是他勤于科研的真实写照。

陆埮在业余科研中遇到难题时，会反复思考，仔细揣摩。当实在难以搞懂弄通时，他便会给罗辽复、杨国琛写封长信，详述自己的问题和困难，接下来便是频繁地互相通信，有时甚至一日能寄两三封信。若问题始终得不到解决，他们便会狠下心来挤出一部分生活费来购买车票，约定好一个地点，然后双向赶赴，当面交流，不把问题解决誓不罢休。

陆埉的业余科研方向主要是粒子物理，后来随着时代的变迁和学科自身的发展，粒子物理逐渐成为一个成熟的学科，短时间内已经很难取得重大突破了。陆埉审时而行，顺时而动，虽然心中依依不舍，还是及时地完成了科研转向，开始了对天体物理的研究。无远虑者有近忧，山重水复何所求？顺时择向新境界，别开生面弄潮头。

"世上无难事，只要肯登攀。"陆埉在面对一切困境难题时，能够沉心静气，徐徐谋之，专意为之，尽己全力，奋勇攀登。待得仁立高峰之上，只道当时是寻常。

业内第一流

"沾枯发枝叶，磨钝起锋铓。"陆埉从事业余科研没有任何经费支持，完全自费，靠自己省吃俭用筹集科研资金。他当时虽曰业余，实则专精，取得了丰硕的研究成果，在国内顶尖的权威杂志上发表了数篇学术论文，甚至比一些专职科研人员的成果都要多，这引起了业内科研人员的广泛注意。从1960年陆埉与罗辽复、杨国琛二人陆续开始通信合作，到1978年他调入南京大学天文学系开始专业研究，陆埉在科研这条道路上已初露锋芒。

1978年，全国科学大会在北京召开。陆埉因在科研上做出的突出贡献，被评为"全国先进科技工作者"，并获得了全国科学大会重大科技成果奖。他与罗、杨二人合作科研的故事还被写成报告文学，由中央人民广播电台向全国播送，产生了广泛的影响。他们也成了不少青年追求科学梦想的榜样。

陆埉的科研方向由粒子物理转入天体物理后，他开始专职从事科研工作，科研效率和成果产出更上一层楼。他们研究的许多领域在国内尚属首创，国际上亦属于前沿，影响深远，成果斐然。陆埮还积极推动国内外学术交流，他深知"独学而无友，则孤陋而寡闻"，特别是在与外国同行的交流中，能够了解到许多最新的研究动向以及国际同行的研究水平。陆埮常常因自己的研究领先于国际同行，证明了中国人做科研不输任何人，而感到由衷的欣慰。

"何须浅碧深红色，自是花中第一流。"不必刻意去追求外在的华丽，真正的才华自会散发光芒。陆埮能坚守内心，勇敢做自己，不随波逐流，抱定宗旨，持之以恒，自然能够成为业内的佼佼者。

天问铸华章

"青天有月来几时，我今停杯一问之。"陆埮最重要的科研成就是在他转向研究天体物理之后取得的。

进入南京大学天文学系之后，陆埮主要取得了三方面的重要成果。第一是奇异星研究，他首次研究了奇异物质和奇异星的动力学行为，得出其具有极高的体粘滞性的重要结论；第二是在脉冲星研究方面，陆埮首次提出了一个具有普遍意义的新概念——"代参数"，并通过脉冲星的周期和周期变率，用一个简洁的方式表述出来。该参数有助于寻找新的伽马射线脉冲星，还能够更准确地表述脉冲星的伽马射线能谱特征；第三是在伽马射线暴的研究方面，陆埮否定了原有的标准模型，提出了星风模型和伽马暴余辉动力学演化的统一模型，证实了伽马暴起源于大质量恒星坍缩的观点。从奇异星到"代参数"，再到伽马暴的演化与起源，陆埮筚路蓝缕，以启山林，在一个领域持续深耕，终成我国天文学界的泰斗级人物。

搞科研就像铸造大鼎，绝非易事。首先需要"采集矿石"，它要求研究者具备识别有价值研究问题的能力和眼光。这需要敏锐的洞察力和艰辛的努力，正所谓"千锤万凿出深山，烈火焚烧若等闲"；然后便是"冶炼矿石"，即精中选精，优中选优，通过这一过程淘尽杂质，留下真金；接着就是千锤百炼，"何意百炼刚，化为绕指柔"，通过不断地试验和修正，使研究成果更加精确和完善；最终，凭借熟练的技术、巧妙的工艺，科研者将各部分组合打磨，铸件成鼎，终成大器，创造出璀璨的科研之作。

陆埮从事科研工作不似那种"文章本天成，妙手偶得之"的文学创作模式，不完全凭借灵感与创意。尼采说过："一切文学，吾爱以血书者。"如果真把陆埮比作一篇美妙文章的创作者的话，他的创作模式绝非轻松，而是凝结了血泪与苦难，在反复推敲和修正中逐渐完善，真正做到了"吟安一个字，捻断数茎须"。

第三章　桃李春风育英才

品修真师范

　　作为一名教书育人的教师，对自己的最高要求便是"学为人师，行为世范"，这不仅意味着要有深厚的学养，能够启迪学生的心智，将学生领入波澜壮阔的知识海洋，还要有崇高的品行，成为道德上的楷模，人品上的榜样。

　　陆埈高中就读于苏州的东吴大学附属中学（简称"东吴附中"）。东吴大学的校训是"养天地正气，法古今完人"，陆埈将这条校训内化于心，外化于行，成为坚定的信奉者与践行者。他觉得，人生于天地之间，作为万物之灵长，必须有独立的人格与高尚的情操，培养自己的浩然之气，用来抵御污浊与黑暗的侵袭，不仅如此，还应当效法古往今来道德上的完人君子，将其作为视听言动的榜样，虽不能至，但心向往之。

　　陆埈总是以真诚待人，从不掺杂一丝一毫的虚情假意。"以诚待人者，人亦诚而应"，他始终相信，真诚是最好的交往助推剂，任何人都更愿意和真诚的人交朋友，尔虞我诈只会让人生活在焦虑与烦躁之中，丧失内心的宁静。陆埈知道"来说是非者，便是是非人"，所以他从不去讲什么家长里短，是是非非。父亲陆增祥教导他"静坐常思自己过，闲谈莫论他人非"，他铭记终生，为人处世从不去苛求别人，而是常常自我反思，有则改之，无则加勉。他能够做到"慎独"，天下熙熙攘攘，而他岿然不动。陆埈十分欣赏宋代范仲淹在《岳阳楼记》中的名句："不以物喜，不以己悲""先天下之忧而忧，后天下之乐而乐"，并以此来指导自己的人生，不因为名利得失和个人荣辱而或喜或悲，能够驭物而不被外物所驭。同时，他心怀家国，具有深厚的奉献精神，不图回报。

陆埮的品行确如莲花，"出淤泥而不染，濯清涟而不妖……香远益清，亭亭净植，可远观而不可亵玩焉。"莲花是花中的君子，陆埮亦具备君子般的人格魅力。

教学称相长

唐代的韩愈在《师说》中提出了一种师生关系："是故弟子不必不如师，师不必贤于弟子，闻道有先后，术业有专攻，如是而已。"老师与学生的差别，并不在于二者的知识结构与水平，而在于接受知识存在时间上的差异，钻研的方向有所不同罢了。这一理念千百年来一直被人们奉为圭臬，陆埮也是这一理念的笃实践行者。他认为学生就应该青出于蓝而胜于蓝，要超过自己的老师，这样学问才能不断地进步，学术才能不停地向前发展。老师只是学生学习的引路人，并不是什么知识的权威，更不是真理的掌握者和垄断者，将老师与学生的关系局限于知识的传授上就过于简单化了。师生关系更多地是一种经验的习得与理念的传承，而最终的知识体量并非重点。

"学然后知不足，教然后知困。"陆埮在教学中喜欢总结经验，特别是教学中遇到的问题，他都会刨根问底，对相关的知识背景做出全面而系统的梳理，使自己完全掌握这个领域。他还会把自己在科研中的新想法、新观念、新成果带到课堂上，与同学们交流分享，借以拓展学生的思维，打开学生的视野，又可以把学生在课堂上的灵感与创见用到科研上，形成一个完美的双向循环教学体系，对"教学相长"这一教学模式作出了生动的诠释。

陆埮对学生也是平等相待，亦师亦友，和蔼可亲。正如古人所言："夫子循循然善诱人，博我以文，约我以礼，欲罢不能。"学生们在他的教导下，感受到了亲人般的关心和爱护，内心温暖而踏实，如沐春风。

有一种流行的教育观念认为，如果老师教给学生的知识有一碗水那么多，那么老师的知识储备就应该有一桶水那么多，这强调老师与学生之间的知识储备量差距。然而，从陆埮的教学实践中我们可以看到，他并不追求教师的知识体量必须几十倍甚至上百倍于学生，认为这并不是教育的全部。他不希望既有的知识成为一潭死水，而是强调需要不断补充新知识。特别是在这个知识爆炸、信息如洪流般涌来的时代，作为教师，更要有不断更新自己知识体系的意识与能力。正如南宋时期著名的思想家朱熹在《观书有感》中提到的："问渠那得清如许？为有源头活水来。"教育应常教常新，永不止步。

亦师亦亲友

"春风风人，夏雨雨人。"陆埮对待学生，有着春风化雨般的态度、润物细无声的深情。他对学生关怀备至，视如己出。学生遇到困难时，第一个想到的就是他们敬爱的陆老师。如果是科研上的问题，陆埮会极富耐心地详细讲解，一遍不懂就讲两遍，两遍不懂就讲三遍，直到学生学懂弄通为止。他还会以这个问题为出发点，介绍相关的知识与背景，帮助学生举一反三、触类旁通。如果是生活上的困境，他会毫不吝惜地资助学生，充分保障学生的生活水平，让他们的学习、科研和生活没有后顾之忧。如果是思想认识上的问题，他会认真倾听，充分尊重学生的思想差异，提出一些具有可行性的改进措施，帮助学生解开思想上的疙瘩，恢复内心的澄澈平和。

陆埮一共有三个儿女，但他也把所有的学生视为自己的子女来培养，在某些方面，关心学生甚至比关心自己的子女还要多一些。陆埮研究团队有一个惯例，就是每年元旦邀请学生到家里做客，一起吃顿饺子，共同跨年。这一惯例从 1983 年元旦一直持续到 2013 年元旦，在长达三十年的时间内从未中断过，这让学生感到了家的温暖。唐代诗人白居易有一首《邯郸冬至夜思家》，道出了游学在外的人的心情："邯郸驿里逢冬至，抱膝灯前影伴身。想得家中夜深坐，还应说着远行人。"陆埮的学生大多是游学在外的"远行人"，有了陆埮无微不至的呵护与关心，只觉得此心安处即吾乡，毫无漂泊孤寂之感。

　　"经师易得，人师难求。"陆埮不仅是一位经师，更是一位难得的人师。学生接触社会有限，缺乏经验，刚步入社会的时候难免吃亏，在有些地方防不胜防。陆埮有着丰富的人生经验，几十年的风风雨雨，让他饱经人世的沧桑，既有识人之明，又具辨事之能，充满人生的智慧。"世事洞明皆学问，人情练达即文章。"他常常告诫学生，人是一切社会关系的总和，人要向前发展，必定要与其他人打交道。然而人性是复杂的，所以有些时候必须灵活应对，讲究策略，尤其是不能有害人之心，但也不可无防人之心。这些建议对初出茅庐的学生来说十分宝贵，可以帮助他们少走许多弯路。

桃李成栋梁

　　"善歌者，使人继其声；善教者，使人继其志。"陆埮深知，生也有涯而知无涯。一个人的生命是有限的，而知识却是无穷的，一个人以有限的生命来追求无穷的知识，最多只能取得阶段性的成果，而无法做到方方面面的完备。陆埮是一位好老师，他培养学生的科研兴趣，提高学生的科研能力，树立学生的科研理想，让他们能够继承科研事业，不断地开拓创新，此生有尽而精神可以无穷。他的学生也确实继承了他的科研志向，不忘本来又面向未来，握紧接力棒，继续走下去，在天文学的各个分支领域，都取得了重要的成果，成为各领域的杰出代表。

"春蚕到死丝方尽，蜡炬成灰泪始干。"陆埮担任教职几十年，从哈军工到长春防化学院[1]，再到南京大学以及后来的紫金山天文台，育人无数，可谓是桃李满天下。他认为，学生就像早晨八九点钟的太阳，世界的未来是属于他们的，一定要把青年学生培养好，中国发展的担子一定会交到他们肩上。他培养了大量的硕士研究生和博士研究生，为中国天文学领域留下了科研人才的种子。他的这些学生很多都已成名成家，成为一些领域的领军人物，挑起了大梁。例如陆埮招收的第一届博士生赵刚，于 1994 年入选中国科学院首批"百人计划"，1997 年获国家杰出青年科学基金项目支持，1998 年当选中国科学院杰出青年，2004 年进入首批新世纪百千万人才工程国家级人选，曾先后获中国科学院青年科学家奖、中国青年科学家奖、何梁何利基金科学与技术进步奖。2023 年，赵刚当选为中国科学院院士。另一位博士生戴子高，于 1998 年获国家杰出青年科学基金项目支持，2003 年获国家自然科学奖二等奖，2004 年获第八届中国青年科技奖，2010 年获教育部自然科学奖一等奖[2]，2021 年入选中国科学院院士增选初步候选人名单。

桃之夭夭，灼灼其华。甘为人梯，种桃人家。春风煦阳，师生情长。饮水思源，满庭花香。

---

1 即防化学兵工程学院（其前身为哈军工第六系），后经多次更名与迁址，扩建为中国人民解放军陆军防化学院。

2 教育部自然科学奖的全称是高等学校科学研究优秀成果奖（自然科学），是仅次于国家三大奖（国家自然科学奖、国家技术发明奖、国家科学技术进步奖）的教育部科技奖项。

第四章　神州有此国之光

为学称海内

陆埈的学术成就在国内是一流的，在国际上也处于领先水平。他德才兼备，品德修养和学术成就双峰并峙。早在从事业余科研时期，他与罗辽复已合作发表了 50 余篇论文，在 1978 年的全国科学大会上受到表彰，这时的他就已经走在了国内同行的前面。等到他正式开始科研，在自己所深耕的领域更是遥遥领先。

> 厚积薄发力，学问称一流。粒子探微妙，天体宏观求。
> 书信三千帙，耕耘数十秋。焚膏复继晷，更上一层楼。
> 漫漫修远道，人间风雨愁。心非磐石固，万事皆可休。
> 朝暮志于斯，资料尽勤搜。何意百炼刚，化为绕指柔。
> 书山勤为径，学海苦作舟。寒夜伴灯火，唯见月如钩。
> 聚沙成宝塔，集腋制貂裘。身劳心亦苦，不为利益谋。
> 文章真灼见，新知弄潮头。著作列典册，远播意深厚。
> 神州立前沿，不甘居人后。万丈高楼起，学养成枢轴。
> 代际有传人，真理无鸿沟。宇宙吾心事，演化据算筹。
> 笔耕未尝辍，立志非封侯。斯人堪大儒，天地渺悠悠。

修身昭世人

我国传统儒家典籍《大学》中提出了一条完整的人生进阶之路，即修身、齐家、治国、平天下。其中，修身被视为首要任务，是做人的基础，也是人生进步的第一要务。具体的事功对现实社会很有影响，但更深远的影响来自个人的品格。

陆埮极度注重修身，每日三省其身，从未松懈。他能做到"不戚戚于贫贱，不汲汲于富贵"，不为生活条件的艰苦而感到忧虑，推崇颜回那种自得其乐的状态，把富贵视作浮云，克勤克俭，终身守之；他坚信"疾风知劲草，板荡识诚臣""试玉要烧三日满，辨材须待七年期"，没有人的人生道路会一帆风顺，必定会经历重重磨难的考验，只有内心强大、意志坚定、品行端正的人，才能过五关斩六将，在风起云涌的时代里脱颖而出；他赞赏"举世誉之而不加劝，举世非之而不加沮"的人生态度，心中自有一根"定盘针"，不因外界环境而随意改变，锚定目标，始终做自己。

语言风格反映了一个人的内心世界。在观看一些陆埮的采访视频，以及查阅一些他写的文章后，我们会发现，陆埮的语言风格非常平实，清清楚楚，温和流畅，绝不拖泥带水。他强调写文章和说话要"修辞立其诚"，必须言之有物，用语直入主题，不做那些花里胡哨的表面文章，笃实诚朴。

> 人生何以立？道德为之根。明镜常拂拭，莫使入沉沦。
> 淡泊明心志，宁静修此身。梅兰引为友，竹菊养精神。
> 待人若春风，处世必以诚。心底无私意，去伪只存真。
> 慎独功夫在，一日三省身。富贵皆浮云，清介世所珍。
> 先贤树典型，后世笃行跟。艰难困苦事，坚贞敢支撑。
> 臻于至善境，不染一点尘。发我大愿力，再使风俗淳。

矢志兴华夏

陆埈幼年时期，政府腐败无能，社会动荡不安，人民流离失所，活脱脱一个悲惨世界。因此他从小就深知落后就要挨打的道理，只有国家强盛，民族才能独立，人民才能幸福。他幼小的心灵中，早早埋下了强国复兴的种子。

"苟利国家生死以，岂因祸福避趋之。"陆埈始终将自己的命运与国家和民族的命运紧紧联系在一起，他做的每一件事、尽的每一份力、立的每一次功，都是在为国家的建设添砖加瓦。他发愤图强，立志科研，就是为了让中国走在世界前列，使中国的科研成果也能够傲立于世界舞台之上。

近代以来，中国的自然科学曾一度落后，中国人常常受到外国人的轻视与欺负。陆埈咬紧牙关，排除万难，将科学研究做得有声有色，达到世界一流水平。他就是想证明中国人不比其他国家的人差，外国人能够做的事情，中国人也一定能够做，甚至做得还要更好。他是复兴梦想的践行者，强国理想的助力者。

身经乱离世，矢志谋复兴。国强民康阜，复见黄河清。

求学始发愤，为事全在勤。科研路崎岖，风霜不改心。

三尺育桃李，众木已成林。科普利天下，此心最光明。

华夏中兴业，近代不了情。洪流浪花朵，协力有知音。

早怀豪壮志，山河语独倾。知行合一者，百炼辨真金。

天地皆同力，不懈忘我境。中华惊雷响，诸君请静听。

堪当国士任

陆埮在 2003 年 11 月当选为中国科学院院士。国士殊荣，实至名归。

"侠之大者，为国为民。"陆埮早已将身心奉献于国家，不为此身谋私利。中国古人常言："士为知己者死，女为悦己者容。"陆埮拓展了这一信念，矢志于学术，将个人的学术追求与国家的建设和民族的发展紧密相连，尽自己的一份力。如果说他寻求某种回报，那便是回报祖国的培育之恩和人民的深情厚意。

陆埮教授：

经中国科学院学部选举并中国科学院学部主席团审议批准，您于二〇〇三年十一月当选为中国科学院院士。

特此通知并致祝贺。

二〇〇三年十一月七日

2003 年陆埮当选为中国科学院院士

　　陆埮终生都在用自己的实际行动来践行中华民族的传统文化与美德，他不仅是一名科学家，更是一位中华优秀文化的展现者。

　　大国有元良，士行天下先。功在科研界，学于宇宙间。
　　社会恒系念，人民立心田。上下多求索，何惧江湖远。
　　为人操持守，俯仰无怍惭。伏案勤著述，寒暑不知年。
　　声名闻四海，世人肃穆瞻。三立功德言，勋业不朽传。
　　人生唯百年，光华瞬息间。逝者如斯夫，风月不相关。
　　天外星云密，行健永璀璨。奇异留自然，谈笑凯歌还。

第二篇
少年壮志当凌云

江南常熟，水乡柔美，自古人文荟萃。陆埮便诞生于这片钟灵毓秀之地，自幼浸润于自然之美，培养了观察世界的好奇之心。少年陆埮，以笔为剑，以梦为马，自北大物理殿堂步入哈军工讲台，从科研前沿到国防教育，烽火岁月，他担起家国重任，着戎装，育英才，科研教学双肩挑，业余时光不辍耕，书写了一曲书生报国的壮丽篇章。

第一章　学海茫茫矢以航

灵秀育英杰

"暮春三月，江南草长，杂花生树，群莺乱飞。"江南的景致不同于北国，更显纤细和柔美。唐代诗人白居易曾作有一首题为《忆江南》的诗，专道这江南风光："江南好，风景旧曾谙。日出江花红胜火，春来江水绿如蓝，能不忆江南？"千里江山，如诗如画，被誉为人间福地是十分恰当的。

江苏省常熟市，就处在这片湖光水色之间。常熟不仅拥有江南水乡风光的一切优长之处，还是一座人文底蕴深厚的历史文化名城。自古及今，文化昌盛，尊师重教，人才辈出，代不乏人。中华人民共和国成立以来，从常熟走出的两院院士已有数十人之多。这是一个了不起的数字，远超全国其他县市。中国科学院院士、著名天体物理学家陆埮就是其中之一。

1932 年 2 月 23 日，陆埮出生于苏州常熟县南门外东市河边的陆家大院。其父陆增祥是江苏医学院的职员，母亲谭娟是一位朴实的全职家庭主妇。旧时的常熟城区不大，都在城墙之内，而城墙又被一条护城河环绕着。

陆埮从小就常常沉浸于大自然之中，对日月、山川、草木、虫鱼、鸟兽都充满了兴趣。而常熟四季更迭带来丰富而多彩的景致，则为陆埮观察自然、认识自然、理解自然提供了得天独厚的条件。清代有位辞章家曾作了一篇《常熟四时赋》，道尽了常熟四时变化中人与自然的和谐共生之美：

"余所见常熟四时之景也，各有其美。春之日，嫩草始发，芳菲竟展。清风拂面，举爵觞而放歌；微雨飘扬，常默坐以涤尘。夏之日，毓湖水碧，蔷苣卓亭。炎龙在天，执冰扇而轻摇；鸣蝉藏树，闭疏户以眠听。秋之日，朝阳净肃，露重枫丹。寂寥长空，诵诗书而不倦；巍峨栋梁，书辞赋以鉴新。冬之日，万类守拙，霜寒点苍。昏沉暗夜，忍刺冷而久待；明泉送暖，享惬温以寐间。春秋代序，冬夏交替。白驹过隙，古今同怀。"

陆埮有一双善于发现美的眼睛，而常熟也有着不可多得的自然之美。占尽天时地利，既是一种幸运，又是一种机缘。

"小时不识月，呼作白玉盘。"幼时的陆埮喜欢睁着圆圆的双眼，在晴朗的夜晚观察繁星点点。同样是在一望无垠的天空中，为什么有些星星光亮，有些星星暗淡？这些星星离我们到底有多远？"危楼高百尺，手可摘星辰"的诗意是否真的能够实现？那些划过平静夜空的流星到底来自何方？又将去向何处？这些思考，其实就是对宇宙、时空的一种哲学启蒙。这种启蒙是如此的自然平常，却又无比深邃，引人入胜。战国时期伟大的浪漫主义诗人屈原在思考宇宙人生的时候也感到无比的困惑。他挥笔写下了《天问》，这是一篇关于自然哲学的原始文献。"遂古之初，谁传道之？上下未形，何由考之……日月安属？列星安陈？"屈原提出了自己的困惑，却无法得到解答。面对同样的困惑，陆埮就好像是屈原的异代知己。唯一不同的是，陆埮几乎用了自己一生的时光来探索解

江苏常熟虞山读书台

决这些困惑的方法。他是屈原思想的继承者，也是其探索精神的实践者。

陆埮的故乡有座虞山，他幼时常到那里游玩。虞山之上花草烂漫，树木葱茏，清澈的小溪流淌其间，伴着悦耳的鸟鸣，徜徉其间者，无不感到身心畅快，流连忘返。虞山不算高峻，但"山不在高，有仙则名"，这座山因众多的名胜古迹而闻名。山上有座读书台，相传是南朝梁昭明太子萧统读书的地方。四周古树蔽日，翠竹婆娑，景色雅致，是个读书的绝佳之选。还有一座破山寺，是千年古刹。唐代诗人常建在这里写下一首《题破山寺后禅院》，千古传诵。陆埮对这些名胜古迹及其背后涉及的历史文化故事熟记于心，如数家珍。古人勤奋好学、淡泊名利、宠辱皆忘的精神给陆埮的心灵埋下了一颗奋发向上、乐观有为的种子。

家风诗书扬

陆埮成长于一个信奉"耕读传家"的书香门第。陆埮的兄弟姊妹很多，他是家中的长子。他共有六个弟弟妹妹，其中一个妹妹在幼年时不幸夭折了，其余按照齿序分别为妹妹陆芪、弟弟陆进、弟弟陆荣、妹妹陆吟、弟弟陆寅。

陆埮的父亲陆增祥曾在上海当过一段时间的小学教员，后来分别在苏州东吴大学注册处、江苏镇江的江苏医学院以及南京医学院教务处等单位担任职员。陆埮的二叔陆增祜，曾经接受过良好的教育，据说英文读写的水平都很高，在苏州铁路管理局职工子弟学校和东吴大学附中担任过英语教员。三叔陆增礽的专业是物理学，一直在高中和大学教授物理。

因为陆埮是长子，家人和亲友对他寄予了更大的期望。他也从小就担负起了这一份沉甸甸的责任，比一般的孩子更懂事明理、勤奋好学。对待父母，冬温夏清，晨昏定省，努力做到孝顺无违。对待弟弟妹妹，以身作则，

陆埮的父亲陆增祥（摄于 20 世纪 50 年代）

陆埮的母亲谭娟（摄于 20 世纪 70 年代）

关怀备至，不仅是榜样，还是"领头羊"。

传统社会中许多人家都会在门上贴一副对联，内容大致是：富贵传家久，诗书继世长。其中表达了两层含义，"富贵传家久"强调了对物质文明的继承，"诗书继世长"强调了对精神文明的继承。以前有很多的书香门第，有的难免会家道中落，陷入贫困的境地，但即使如此，他们仍旧坚持让子弟读书学习，坚韧顽强地传承"诗书"这条精神的纽带。陆埮的家庭并非大富大贵，只能算是一个小康之家。但无论是父亲那一辈，还是自己这一辈，都出了很多读书人，在社会上也做出了很大的成绩。究其原因，是那份对知识的尊重、对学问的渴望、对文化的重视、对传承的担当起到了举足轻重的作用。

陆埮后来的成就，可以说无不得益于幼时的家风教育。克勤克俭，教会了他无论在什么情况下，都要过勤劳俭朴的生活；知行合一，教会他不能做语言的巨人、行动的矮子，要把理论与实践结合起来；心忧家国，教会他要把自己的命运与国家、民族的命运联系起来，一生精忠报国，无怨无悔。

在陆埮的童年时期,《颜氏家训》《朱子家训》是最流行、最普遍的家风教育读本。他从中汲取了大量中华优秀传统文化的理念、准则和知识,从而坚定了信念,磨砺了品格,为一生灿烂光辉的成就奠定了良好的基础。

1931 年 9 月 18 日,日军悍然发动"九一八事变",侵占中国东北,中国人民自此陷入了长达 14 年艰苦卓绝的抗日战争。1937 年 7 月 7 日,蓄谋已久的日军找借口挑起卢沟桥事变,中日战争全面爆发。那时的中国,地无分南北,人无分老幼,都担负起了守土抗战的责任。陆埮快乐的童年,也在日本帝国主义的枪炮声中烟消云散,一去不复返了。战争,成了陆埮周围人关注的焦点和一切事情围绕的重心。1937 年 11 月 19 日,常熟沦陷。战争的脚步愈来愈逼近,空气中似乎都能够嗅到硝烟的气息,层层的疑云与厚厚的愁云笼罩在人们的心头。

1939 年初,陆埮全家人被迫外出逃难。当时到处都兵荒马乱,交通不畅,信息迟滞,各种谣言满天飞,人心惶惶。逃难途中,7 岁的陆埮险些命丧黄泉,日军的一颗流弹打中了他睡觉的小床,恰巧陆埮刚刚起身离开,才逃过一劫。陆埮一大家子几十口人都挤住在上海法租界一座简陋的住房里,吃穿用度都不方便。相较于常熟老家那安定平和的日子,逃难的岁月充满艰辛、危险与无助。陆埮听说法租界其实也是中国的土地,只是被法国人占用了,而现在中国人为了躲避日本人的野蛮侵略,却只能躲入法租界以求平安。这给了陆埮很大的刺激,让他深深地体会到了国家强大的重要性。

少年凌云志

抗战时期,山河破碎,国家沦丧,人们的生活很不稳定。而动荡的时局,往往带来的是严酷的生存环境,以及糟糕的医疗卫生条件。陆埮在抗战时期受到战争的影响,加之自己体弱多病,他的小学学业辗转了 4 所学校才得以完成。

陆埈在 7 岁之前，因为体弱多病，没有去上小学。由父亲教他数学和认字，也带他读了《国语》《古文观止》《唐诗三百首》等传统典籍。1940年 2 月，8 岁的陆埈被送到上海普育小学读书，但因家中几乎所有人都感染了传染病"猩红热"，他不到一学期就不得不休学。当时上海公共租界和法租界也被日军占领，全家人只好重新迁回了常熟。

船破偏遇打头风。全家人逃回乡下之后，当地的汉奸、无赖与日本人勾结，将陆埈家里的财物和粮食洗劫一空。原本的小康之家顿时陷入了贫困的境地，生计变得异常艰难。在这种情况下，陆埈的父亲被迫和两个叔叔分家，连片的房屋就此被一堵堵隔墙隔断。一个和谐温馨的大家庭，在时代风暴的冲击下，走向了分散和未知。

1942 年 9 月，陆埈插班到常熟的义庄弄琴南小学二分校读三年级上学期。然而，陆埈在这里仅仅学习了不到两个月，又回家养病去了。1943 年 9 月，陆埈又插班到大田岸琴南小学一分校，在这里连续学习了一年。1944 年 9 月，陆埈又转学到了常熟米业小学读五、六年级（没有读四年级下学期）。当时的常熟已经被日本人占领，旧有的教育体系遭到废除，学生们被迫接受日文教育，敢怒不敢言。1945 年抗战胜利，当陆埈在街上的广播里听到"日本投降矣"这个振奋人心的消息时，回到家里的第一件事就是把日文课本撕得粉碎。当时的陆埈已经有了很强烈的爱国热情和民族自尊心。1946 年 7 月，陆埈在米业小学以全年级第一名的优异成绩毕业。毕业时，学校和老师们为了表彰陆埈，并鼓励他百尺竿头，更进一步，在未来取得更大的成就，奖励了他许多笔记本、钢笔、书籍，以及一枚刻有他名字的精美的"银盾"奖章。2012 年 9 月 14 日，已是中国科学院院士的陆埈回到母校（义庄弄小学、大田岸小学、米业小学后来合并为义庄小学），抚今追昔，感慨万千。他还被聘为该小学的名誉校长，并为学校题写了校名。

在当时，猩红热、副伤寒、喉结核等烈性传染病的致死率相当高，很多医生对此束手无策。陆埈不仅将病痛一一战胜，还出色地完成了小学的学业，不能不说是一个奇迹。当然，奇迹的背后是努力。陆埈在生病时依然坚持学习，不抛弃，不放弃，敢于与一切艰难困苦作斗争。

疾病虽然给人带来痛苦、孱弱和无助，但也教会人内心敏锐，富有同情心。那些不能杀死我们的，只会让我们更强大。我们厌恶疾病，更尊重那些不服命运并奋起而与之抗争的人。

1946年，陆埈从米业小学以全校第一名的成绩毕业后，又以优异的成绩考取了常熟县立初级中学（后更名为常熟市中学）。

抗日战争胜利后，国民党为了延续自己的独裁统治，否决了建立联合政府的提议，无视全国人民对和平稳定生活的期盼，在战争的创伤尚未恢复的情况下，又悍然发动内战，将国家再次拖入深渊。

陆埈就读初中期间正值内战，战火连天，物价飞涨，民不聊生，普通百姓的生活十分困苦。特别是当时货币的贬值速度超出人们的想象，大家出门购物都要带着一捆一捆的钞票。那时，陆埈的父亲每月领到工资后，总是见到需要的东西就买，因为一旦犹豫，不久后价格便水涨船高，工资也就"缩水"了。这种恶性通胀让人们的积蓄毁于一旦，生活变得朝不保夕，民怨沸腾，社会秩序也岌岌可危。而以上这些不利因素构成了陆埈中学时代读书的大背景。

陆埈就读的常熟县立初级中学建于1924年，是常熟地区最早的公办中学之一。早在中华人民共和国成立之前，该校已经享誉苏南地区，成为大家心目中的名校。

时局动荡不安，人心惶惶，天下之大，也找不出多少可以读书的宁静之处。但陆埈善于闹中取静，克服一切困难坚持努力学习。学校安排的课程很多，共有10门，分别是数学、平面几何、化学、生物、物理、地理、历史、政治、英文、语文，每一学年他的总成绩都能排到全年级第一名。

学校的校长陈旭轮是一个有理想信念、有济世情怀、有责任担当的教育家和实干家。他"三进怀仁堂，四见毛主席"的故事被传为美谈。陈校长每周一上午8点都会对全校师生进行训话，给大家讲学习安排、工作任务、生活态度、教学进度等有关问题。他每次都会给大家讲述同一副对联："岂能尽如人意，但求无愧我心"，以及一首诗："孩儿立志出乡关，学不成名誓不还。埋骨何须桑梓地，人生无处不青山。"对联勉励大家要尽己所能，认真处理身边的每一件事。不管最后的结果是否如意，只要不愧对自己的初心和志向就行了。这首诗则告诉我们，好男儿要志在四方，敢于立下雄心壮志，然后到外面的世界闯荡。纵使死后不能回到自己的家乡也不必惋惜，建功立业的地方就是自己的家乡。陆埮后来回忆说，因为年深日久，当时的许多具体情况都已不记得了。但陈校长每周讲的对联和诗，一直被他牢记心间，激励鼓舞着自己，成为自己的座右铭。2004年，陆埮还应邀参加了这位影响自己一生的陈旭轮校长的塑像揭幕典礼。

进入初中以后，陆埮更加如饥似渴地学习各方面的知识。他相信"博观而约取，厚积而薄发"的至理名言，广泛学习，兼容并包，取诸家之所长汇于一身。随着阅读的深入，陆埮发现理科教科书上那些著名的、具有原创性的科学家基本上都是外国人，例如阿伏伽德罗、门捷列夫、舍勒、布朗斯特、阿伦尼乌斯等。为什么没有中国人呢？难道说中国人天生就不是搞自然科学的料？是中国人的智力不如外国人吗？陆埮苦苦地思索着，他觉得只要给中国科学发展的机会，假以时日，中国的科学发展水平一定会追赶上外国，甚至在一些方面会实现超越。思想是种子，而行动是最好的肥料。陆埮产生了这种想法，开始更加刻苦地学习各种知识，想着有朝一日为祖国的科学事业做出自己的贡献。

陆埮在初中二年级的时候，开始上钱孟豪先生讲授的"平面几何"课程。钱老师是同济大学数学系的高材生，在几何学上的造诣很高，讲课的风格也是循循善诱、娓娓道来，很受学生欢迎。这门课给陆埮带来了很大的冲击，使他受到了强烈的震撼。平面几何建立在几条再简单不过的公理之上，通过推导和演绎，建立起了庞大而辉煌的几何学大厦。那些看似无比复杂的论证，其实都有一个简单的源头。科学的简洁与美丽、逻辑的缜密与理性、学科的交叉与融合，无不令人叹为观止。

对于接触平面几何这种逻辑缜密的学科给内心带来的波澜，中国科学院院士陆埮在接受《物理》杂志的系列访谈时说道：

"兴趣主要是从初中开始的，初中对我影响最大的是平面几何，平面几何这门课我觉得非常精彩，这门课每一条都是讲理的，从定理一步步推理的。这个是逻辑性非常强的，没有任何可以反驳的，每一步道理都是非常充分的，充分必要条件都是摆在那的。我觉得这个世界上怎么会有这种课？当时就对科学感兴趣，不仅仅是对数学，因为科学都是实实在在的，实实在在的科学实际上就两条，一条是逻辑，像数学这样的推理，还有一条就是实验，科学都要从事实出发，事实就是实验。可以推理的就是推理，推理是没有问题的，完全是理论的推理，但是有些东西光靠推理是不够的，如果前提有错误，那推出的结果就是错误的，前提对，那推出来的就是对的，中间过程是不会错的，因为中间是逻辑。我为什么最重视物理？因为物理不仅仅是逻辑的问题，还要求那个前提，这个前提必须得从实验来。这是一个创造的东西，这是不好推出来的。然后就一直往后推，推了以后，因为前提不一定完全对，因为这是从观测、数据、实验来的，最后还得实验证明。所以搞科学一步一步都是很严格的，所以我就决心要学科学。"

陆埮热爱数学，因为数学代表着逻辑，而且数学又是逻辑的产物。物理的基础也建立在数学之上，从某种角度来说，物理学科就是数学这门理论学科的具体实践和实物表达。二者相辅相成，互为表里，缺一不可。

陆埮立志学习数学、物理，除了兴趣这个最好的老师之外，还有幼年在外逃难时的颠沛流离和所见所闻，对他幼小的心灵造成了巨大的冲击。他从那时起就已明白，落后就要挨打，科学可以救国。

陆埮读书的时候，很流行一首叫《中国男儿》的励志歌曲：

"中国男儿，中国男儿，要将只手撑天空。睡狮千年，睡狮千年，一夫振臂万夫雄。长江大河，亚洲之东。峨峨昆仑，翼翼长城。天府之国，取多用宏。黄帝之胄神明种。风虎云龙，万国来同。天之骄子吾纵横。"

陆埮当时只是一个普通的读书人，但也是一个成长于动荡岁月的读书人。他和同时代千千万万读书人一样，对家国天下有一种舍我其谁的勇气与担当。明末东林书院的对联"风声，雨声，读书声，声声入耳；家事，国事，天下事，事事关心"便是他们最真实的人格写照。面对国家动荡、民生凋敝的悲惨境况，其中的先进分子自然不会袖手旁观，他们会挺身而出，为国家未来的命运呼吁、呐喊。

陆埮极度热爱学习，但他却没有像孔乙己、范进那样死读书，而是追求全面发展。初三的时候，陆埮还担任了班级的学习股长，带领同学们出过几期墙报；毕业的时候，他还担任了级友会第一届常务理事，并制作了一期通讯录。

1994年，陆埮从常熟县立初级中学毕业已经45年了，将近半个世纪。这一年恰逢学校建校70周年，当时已是南京大学天文系教授、知名天体物理学家的陆埮受邀出席相关的校庆活动。

陆埮回到母校，往昔种种，一一浮现眼前。"欲买桂花同载酒，终不似，少年游"，让人不由得感慨光阴的匆匆易逝。人生不相见，动如参与商。45年前的同窗好友们转瞬已年过半百，步入了耳顺之年，他们有的人成为国家公务员，有的成为科研人员，还有医生、工程师、教育家、企业家，等等。同学聚会时，逝去的光阴仿佛如昨，当大家一起"忆往昔，峥嵘岁月稠"，不免会浮现出那一段"恰同学少年，风华正茂；书生意气，挥斥方遒"

的流金岁月。今夕复何夕，又来共此灯烛光。

1949年9月，陆埈以极好的成绩考入苏州的东吴大学附属中学，开始了高中阶段的学习。那时，中国共产党领导的中国人民解放军进驻江苏，苏州已经获得解放，社会秩序逐渐安定下来，开始呈现出一派欣欣向荣的景象。除去高考前因为生病休了几个月病假，陆埈在这里度过了3年较完整的高中生涯。当时的东吴中学开设了立体几何、解析几何、三角函数、代数、

1994年陆埈参加常熟市中学70周年校庆

物理、生物、化学、语文、英文、历史、地理、政治等科目，无论是知识的广度，还是问题的深度，和初中相比都上了一个台阶，陆埈的课程成绩仍然名列前茅。

当时，陆埈就读的高中校址位于东吴大学的校园内，两者实际上融为一体，几乎没有什么分别。高中生可以经常漫步在大学校园里，感受大学的学习氛围与深厚文化，体味大学的博大与大师的睿智，这对高中生来说是一种无形的教育与鼓励。东吴大学及其附属中学的校训都是"养天地正气，法古今完人"，言简意赅，催人奋进，激励学生提高自己的道德修养，以古往今来的圣贤君子为榜样。

在陆埈读书的时候，东吴大学流行着一首小词，常被引用。这首词表现的是学子奋发图强、刻苦学习的场景，以及学生们希望通过学习改造自己的认知，进而培养改造社会、服务社会的深厚情感和责任感。

《江城子·何以我观书》

书馆明灯照影深，苦无计，欲沉沦。国风楚语，令吾双目昏。嗟叹如斯好岁月，须放歌，莫停樽。

物之灵长以何存？犬守夜，鸡司晨。饱食终日，灵台抱愧深。行健不息致远道，养正气，法完人。

在节假日，陆埮也会和同学们一起游览苏州著名的人文景观和欣赏自然风光。陆埮从小就背过张继的千古名诗《枫桥夜泊》："月落乌啼霜满天，江枫渔火对愁眠。姑苏城外寒山寺，夜半钟声到客船。"所以他对寒山寺和枫桥两个景点格外感兴趣。"千秋万岁名，寂寞身后事。"看到寒山寺和枫桥，陆埮常常思索，张继因落第后写的一首诗而名传千古，人尽皆知。而当初那些高中龙虎榜的进士，又有几人被后世记起呢？有人生前光鲜亮丽，死后却寂寂无闻；有人生前潦倒，死后却被千古传颂。人生一世，草木一秋，要做出实实在在的成就，干出真真切切的事业，才不枉此生。

东吴附中的师资力量很强，教学质量非常高，当时几乎所有的高中课程，尤其是数学、物理、化学等理工类科目都由东吴大学的教师兼任。曾先后教过陆埮语文课的两位老师皆为享誉全国的小说名家：一位是程小青，他喜欢创作侦探小说，被誉为"中国侦探小说第一人"和"东方的柯南·道尔"，著有《霍桑探案》系列小说共30余册；另一位是范烟桥，作为百科全书式的作者，他多才多艺，著述颇丰，在小说、旧体诗、小品文、电影、弹词等领域都有传世之作。

陆埮受到他们的影响，在高中时期对文学也产生了兴趣，最喜欢的白话文学是朱自清的《荷塘月色》，那种恬淡的氛围、优雅的景致和纯洁的意象，令人身心俱受洗涤。而他最喜欢的古文是陶渊明的《五柳先生传》。人同此心，心同此理。《五柳先生传》所表现的志趣情操，正是陆埮孜孜以求的。陶渊明笔下的五柳先生"闲静少言，不慕荣利。好读书，不求甚解。每有会意，便欣然忘食"，而文中提到的"黔娄之妻有言：'不戚戚于贫贱，不汲汲于富贵'，其言兹若人之俦乎？"这不正是陆埈人格的真实写照吗？

东吴大学及其附中的体育教育也有着悠久的历史与辉煌的成绩，体育事业蓬勃发展。陆埈也热爱体育活动，但因为体质较弱，不能进行高强度的剧烈运动，就喜欢上了散步、打乒乓球和划船，这些活动有益身心，胜于吃药。

当时全国许多学校都不重视英语教学，一则没有好的师资，二则学了英语似乎没有什么用武之地。东吴大学因为有特殊的历史渊源，特别重视英语教学。各学段的学生都会修习英语课程，并将英语学习贯穿整个学习生涯。

"我当时在高中，到高三的时候我身体还是不好，但是高一高二时，非常卖力地读书。当时在书摊上看的书有两种，一种是文学书，文学书都是英文的外国文学，我英语基础就是在那一年多的时间里看英文小说打下的，比如莎士比亚的故事，莎士比亚写的是戏剧。我还买了一些数学的书，还有物理的书。但是我不想搞文学，我还是想搞科学，所以我最后还是选择了物理。"

当时的陆埈很爱看英文文学作品，对西方名著多有涉猎。勤奋和兴趣让陆埈的英文阅读与写作水平都很高，也为日后阅读英文文献、撰写国际学术论文、走出国门对外交流和学习奠定了良好的基础，做好了必要的准备。英语成为陆埈科学研究工作的一大助力。

高中的数学难度很大，让很多同学头疼不已，陆埈却对此甘之若饴，其突出的数学才能也得到充分展现。往往还没等到老师讲授，陆埈通过自学就弄懂了新知识点，并把课后习题

高中时期的陆埈

都演算了一遍。课本上的知识已不能满足他的胃口，他还利用课余时间把上海南洋模范中学的经典习题集都做了一遍，此外还练习了不少高等代数方面的习题。

1952 年，在高三上学期期末考试后的体检中，陆埈被诊断出患有浸润型肺结核，必须回家休养。学校老师根据陆埈的具体学习情况，全面考量各种因素后允许陆埈每天不必上课，只需积极参加政治活动，并按时参加毕业考试。陆埈照章办理，在家积极养病半年之后参加了毕业考试，以全年级总成绩第一名的优异成绩，顺利毕业。

燕园好时光

高三期末考试后不久，陆埈便参加了 1952 年的高考。出于对物理和自然科学的热爱，陆埈第一志愿报考北京大学和复旦大学的物理专业，第二志愿报考北京大学和复旦大学的数学专业，第三志愿报考南京大学的天文专业。当时的高考录取名单都是直接在报纸上公布，发榜那天，陆埈买来报纸仔细地寻找自己的名字，却意外发现三个志愿都未被录取。他感觉自己考得还不错，怎么会落榜呢？这让他感到十分困惑。后面陆埈才在北京俄语专修学校二部的录取名单中找到了自己的名字。原来这所学校有优先录取权，录取的学生都是优中选优，并直接编入留学苏联预备班。当具体高考成绩出来后，陆埈才得知自己的高考成绩竟然是苏南地区的第一名，整个苏南地区也只有他一个人被留学苏联的预备班录取。

在乘火车前往北京学校报到的途中，陆埈遇到了自己相知一生的挚友——罗辽复。古语云："白头如新，倾盖如故。"志不同道不合的人，就算相守一生，也就如同初识一般。但如果三观相合，脾气相投，一见面也会让人感觉像故友。正所谓"万两黄金容易得，知心一个也难求"，陆埈和罗辽复两人志同道合，一见如故，十分难得。后来陆埈因为体检不合格必须回家休养而未能到苏联留学。1953 年 4 月，陆埈接到高等教育部通知，被免试录取到北京大学物理系就读。

在北大正式入学后，陆埈面对的第一件大事就是专业分配。他如愿以偿，被分配到了心心念念的物理专业，从此如鱼得水，很有一种"大鹏一日同风起，扶摇直上九万里"的感觉。回忆起北大的老师，陆埈总说有三位老师对自己产生了深远的影响，不仅教会了他知识，还教给他许多做人的道理。他们不仅是经师，更是人师。这三位老师就是教普通物理课程的黄昆老师和虞福春老师，以及教热力学和统计物理学的王竹溪老师。

黄昆老师是一位著名的理论物理学家，在固体物理和半导体物理的理论研究方面有很深的造诣。而虞福春老师是一位实验物理学家，他在研究核磁共振和测定原子核的自旋和磁矩方面做出了重大贡献。这两位老师的学术理念与研究方法给陆埈留下了很深的印象，虽然黄昆老师专注于理论物理，虞福春老师深耕实验物理，但他们的研究范围都不拘泥于自己的领域，而是积极开拓，不断创新。两位老师的课都讲得清晰明白、深入浅出，善于把抽象的问题具体化、复杂的问题条理化。他们还给了陆埈一个关于研究方法的重要启示：理论要与实践相结合。如果理论不能通过实践来验证，这种理论就显得有些空虚，在论证的时候就会显得底气不足。如果实践的背后没有理论支撑，那么这种实践就可能缺乏系统性，会显得杂乱无章。在陆埈往后的科研生涯中，他一直高度重视实践与理论的协调关系，从不偏废任何一边，而且注重二者的逻辑自洽。

"我在北大读书的时候，深深得益于老师们的教诲。特别是黄昆和虞春福两位老师的课，不仅理论分析清楚、严密，而且概念讲得生动、明白。他们真正把物理讲活了、讲实了。我在自己的教学工作中也时时学着他们的做法。当时，有一种说法，说教学要给学生许多空瓶子，使学生可以广泛应用，在瓶子里装各色各样的东西。但是，我在北大读书的时候，觉得老师教给我们的都是实瓶子，是内容非常实在的东西，是通过典型实例来阐述概念、说明原理。实瓶子更加形象，更加清晰，更加好懂，而装了东西的瓶子同样可以用来换装别的东西，一点也不会影响学生广泛应用它。我讲课也总是采用实瓶子方法，用典型实例来进行讲解，效果是明显的。"

可见，无论对于科研还是教学，两位先生都对实验和理论相当重视，这也是陆埮在自己的科研和教学工作中的重要参考与借鉴。

清代的著名学者、诗人龚自珍曾给他的老师宋翔凤写过一首《投宋于庭翔凤》："游山五岳东道主，拥书百城南面王。万人丛中一握手，使我衣袖三年香。"师徒二人能够在"万人丛中"相识，不能不说是一段极大的缘分。而这衣袖之所以能香三年，正说明老师对学生的教导使学生如沐春风，受益匪浅。陆埮在北大也遇到一位这样的老师，那就是王竹溪先生。王先生曾经在 1955 年上半年教过陆埮所在班级的热力学课程，1955 年下半年教过统计物理学课程。两门课程采用的都是王先生自己编撰的教材，这在当时是罕见的。那时主流的教材几乎都是苏联教材的中文翻译版本。而每节课还会下发一些最新的科学前沿动态作为辅助学习材料。王老师上课的内容生动活泼、言简意赅、新意迭出。陆埮非常喜欢王老师的课，无论是热力学课程，还是统计物理学课程，他都考了满分，成绩优异。

1955 年，博学睿智的王竹溪教授开始担任陆埮的课外辅导老师。"青年者，人生之春，人生之华，人生之王也。"青年科学家就像早晨八九点钟的太阳，充满了活力与希望，使他们得到良好的培养与全面的训练，就是为中国科学的未来打好基础，以实现科学代际传承的可持续发展。当时并非每个学生都有课外辅导老师，只有那些出乎其类、拔乎其萃的优秀学生才有这个待遇。王老师十分赏识陆埮在理论物理方面表现出来的突出才干，认为他是一颗好的"读书种子"，需要得到精心的培养。他虽为师长，年长陆埮很多，但他和陆埈的交流都是在平等的氛围下进行的，可以说是亦师亦友。王老师不仅在学术研究方面给予陆埈指导和帮助，更教给了陆埈许多好的品质和观念，他常说："小人常立志，君子立长志。"一个有理想、有抱负的青年应该树立起远大的志向，终生以之，矢志不渝。那些稍微遇到点困难和挫折就畏缩不前、犹豫不决的人，成不了什么大事。

"夫子循循然善诱人，博我以文，约我以礼，欲罢不能。"好的老师对学生总是循循善诱，他会根据学生的秉性和爱好来因材施教，制定出一套最适宜的教学方案。学生因此也能心情舒畅地学习，沉潜于其中，用心耕耘，终致有成。王老师就是用这种方法引导陆埈一步步地走进学术研究的殿堂。

1956年上半年，陆埈所在班级的专业开始细化，陆埈与罗辽复、杨国琛同时分在了理论物理专业。但到了下半年，刚开学不久的陆埈又被抽调到物理研究室，与从全国各大重点高校抽调来的优秀学生一起学习。但这个物理研究室的教学地点不在北京大学校园内，而是在中国科学院化学大楼旁的科学大楼里，为了保密起见，对外简称"546信箱"。当时国家极度缺乏研究原子核物理方面的人才，必须集中力量，加快速度，利用国内教学资源培养出一批专业人才。陆埈虽然对理论物理情有独钟，但在国家利益和个人利益发生冲突的时候，他毅然决然地选择了个人利益服从国家利益，开始了原子核物理专业的学习。

1957年春，陆埈大学四年级的时候，李政道和杨振宁一起提出的弱相互作用中宇称不守恒的理论，第一次被物理学家吴健雄等人用放射源的实验证实。这犹如一颗石子投入平静的湖面，激起了层层波澜。理论得到了实验证明，就更加说明了这个理论模型具有普遍性和准确性，可以应用到许多其他领域。因为这一突出贡献，李政道和杨振宁当年获得了诺贝尔物理学奖。长期以来，人们在从事基础物理研究的时候，都遵从三大守恒定律，即质量守恒、电荷守恒、能量守恒，这些定律让人们认为这个世界是一个守恒的世界，有得必有失，有高必有低。弱相互作用中宇称不守恒的发现对固有的科学理念产生了颠覆性的影响，经典物理学不再以一种权威的面貌出现在人们面前，而是可商榷的、可探讨的、可质疑的。而1957年诺贝尔物理学奖获得者杨振宁曾经是王竹溪先生的硕士研究生。杨振宁在研究所攻读硕士研究生的时候，王竹溪老师经常指导他做统计力学方面的研究工作。

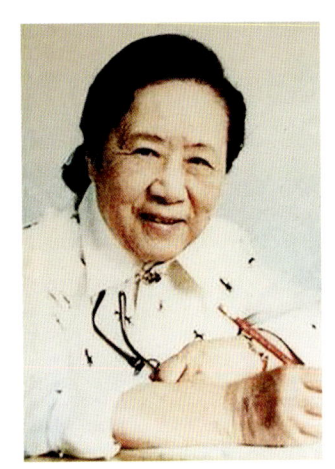

工作中的吴健雄

在国际科研的舞台上，李政道、杨振宁、吴健雄都取得了巨大的成就，得到了国际学术界的高度认可和同行们的尊重。当这一消息传回国内，全国各界都为之振奋不已，尤其是科学界，更是受到前所未有的鼓舞。这再次证明了世界上其他民族能够做到的事，中华民族也能做到，中国人并不比任何人差，只要我们怀揣梦想，经过艰苦卓绝的不懈努力，中华民族一定会傲立于世界民族之林。

弱相互作用中宇称不守恒这一革命性的发现，以及北大四年的熏陶都在启示年轻的陆埮，中国要想取得长足的进步，建设成为一个繁荣稳定、人民幸福的现代化国家，必须进行科学研究，中国也完全有能力和条件搞好科学研究。北大经常邀请国内外各个领域著名的专家到学校讲学交流，既活跃了学术氛围，又能够打开学生们的眼界，锻炼他们的思维能力。无论是自然科学类的讲座，还是人文社科类的讲座，陆埮都会去听，四年如一日，从不间断。北大优质的师资条件、浓郁的学术氛围、丰富的图书资料、活跃的讨论交流，这些都让处于求学黄金时期的陆埮受益良多，不断地激发出自己的学术研究热情和兴趣，为将来的科研工作打下了坚实的基础。

陆埮自幼身体就不太好，在他求学的早期，休病假几乎成了家常便饭。根据1956年9月陆埮大四开学时填写的北京大学师生员工履历表，健康状况一栏中较为详细地记录着："曾患猩红热、肺结核、中耳炎，现在右耳中

耳炎，鼓膜上有孔，肺结核硬结期，蛀牙十枚。"大学期间，他的身体状况
也不是太好。陆埮体育课选择的是医疗体育课程，基本上不参加剧烈的运
动。在课余时间，陆埮也会和同学们一起去颐和园的昆明湖上划船，享受
轻松愉快的时光。他们就像歌中所唱的那样："让我们荡起双桨，小船儿推
开波浪。海面倒映着美丽的白塔，四周环绕着绿树红墙。小船儿轻轻飘荡在
水中，迎面吹来了凉爽的风。"湖光山色，优美宜人，不禁让人忘却了一切
烦恼。

陆埮北大就读时，在颐和园划船

　　青年时代的陆埮没有太多的爱好，唯独对古典音乐情有独钟。像贝多
芬、莫扎特、柴可夫斯基、门德尔松、肖邦、海顿等音乐大家的名曲，陆埮
都一一欣赏过，谈论起来如数家珍。美妙而和谐的音符，时而低沉婉转，时
而慷慨激昂，时而妩媚多姿，时而质朴无华，不仅能放松人的身心，也能
给予人一种精神的力量。早在春秋时代，孔子就强调，要成为君子应该学习

《诗》《书》《礼》《乐》《春秋》《易》这六部经典。其中，《乐》就是教会人欣赏音乐的旋律与美感，乐以和同，不仅能涤荡人的心灵，也能帮助人养成君子品格。而许多伟大的科学家都展现出对音乐的热爱。诺贝尔物理学奖得主海森堡就曾提出"理论物理学的理论美同音乐的美感存在着一种美的通感关系"。

除了喜爱古典音乐，陆埮对中国的古典文学也很感兴趣。他从小就读过《古文观止》《声律启蒙》《唐诗三百首》《宋词精选》等书籍，能够背诵许多长篇古文，各类诗词的积累也很丰富，在写文章的时候总能信手拈来，恰到好处。大学期间，他又读了许多古文和诗词选本，积累了相当多的古代文化知识，文学底蕴深厚。言而无文，行之不远。当时，无论是文科学生还是理科学生，都会进行通识教育，各学科的基本常识都要掌握。理科生会写诗填词，文科生会计算数学题，这些现象在当时很普遍。

然而，一个人的精力和时间总是有限的，随着年龄的增长，职务的增多，陆埮每天的时间越来越不够用，科学研究工作被摆到了第一位。他纵然对古典音乐和古典文学倾注了很深的感情，但后来也不得不渐渐地放弃了。择一事，事一生。人的一生会面临很多的抉择，这往往会让我们犹豫不决，割舍不下。这种时候，我们只能抓住事物的主要矛盾，特别是主要矛盾的主要方面，如果眉毛胡子一把抓，工作就很难取得成效。百年人生，光阴有限，以有限之光阴，做有限之事业，必须有所取舍。

一日之计在于晨，一年之计在于春，一生之计在于勤。陆埮在北大求学期间可以说真正做到了"发愤忘食，乐以忘忧，不知老之将至"。古人在夸奖一个人勤奋好学、挑灯苦读时，常引用"三更灯火五更鸡，正是男儿读书时"这句诗。陆埮的学习劲头与之相比，可以说是不遑多让，他总是如饥似渴地汲取知识，废寝忘食地阅读书籍，夜以继日地学习。为了充分利用学习时间，大学四年一共八个寒暑假，陆埮都留在学校未回家，无论酷暑严寒，风霜雨雪，始终坚持如一。他也因此被评为北京大学的全优学生，四年都获得全额助学金。

"粗缯大布裹生涯，腹有诗书气自华。"陆埮平时生活十分简朴，个人消费极少，穿着打扮从不考究，吃的也是粗茶淡饭。他注重的是精神世界的享受，把物质享受看得很淡。陆埮相信，"俭，德之共也；奢，恶之大也"。勤俭朴素的生活方式，有助于高尚品格的养成。而奢靡之风，却会成为一切罪恶的源头。陆埮生活中最大的开销便是购买、订阅各种书籍杂志。通过阅读，他的思想能够遨游于天地之间，遍观五岳三山，游历五洲四海，物质享受的缺失已经显得微不足道了。如同《送东阳马生序》中所讲的："余则缊袍敝衣处其间，略无慕艳意。以中有足乐者，不知口体之奉不若人也。"

蔡元培在《就任北京大学校长之演说》中写道："诸君来此求学，必有一定宗旨。欲求宗旨之正大与否，必先知大学之性质。大学者，研究高深学问者也。"陆埮来到北大求学的宗旨十分明确，即要研究高深学问，培养科研能力，提高自身本领，这与蔡元培校长的要求是不谋而合的。能够考取

陆埮在北京大学宿舍看书

北京大学的一般都是全国各地的高水平学生，可谓是人中龙凤。如果说北京大学是一个大的集体，那么班级就是一个小的集体，陆埮在这个小的集体中，和同学们一起学习、一起交流、一起思考、一起玩耍，一起度过了人生的一段流金岁月。所谓"独学而无友，则孤陋而寡闻"，陆埮经常与同学们一起交换对某些问题的看法，互相切磋讨论，解惑答疑，共同进步。更多的时候，陆埮是与罗辽复和杨国琛两位北京大学物理系的同班同学交流讨论，三个人因为研究的理论方向相近，更加意气相投。陆埮因为读书多，知识面广，关注科技发展前沿，对许多科学史上的掌故也了然于胸，经常成为讨论的主持人和中心人物。对此，罗辽复回忆起这段昔日时光时，说道：

"几年的大学生活给青年人留下了深刻的印象。我们记得背着书包从饭厅向图书馆急奔疾驰的日日夜夜，记得在未名湖畔、中关村的小树林里和同学的谈心交流，谈得最多的是陆埮。当学到相对论和量子论时，物理学的两次革命是那样深深震撼着每个人的心。陆埮知道的科学史故事多，这方面占据很多的谈话内容。"

陆埮的另一位同班同学杨国琛，也对其广博的学识和睿智的语言记忆犹新：

"陆埮给我的突出印象是，他对物理学史、物理学发展的重大事件、著名物理学家的了解，比我们多得多。尤其对于获得诺贝尔物理学奖的一些大家，特别是爱因斯坦，对他的贡献和故事知道很多，并且推崇备至。这和我以及别的一般同学不同。他显得比我们成熟多了。入学前他已经向往成为大物理学家。三年级时，我们的宿舍调整到新建成的 25 斋，条件好多了，每个房间住 4 人。我和陆埮在同一房间。同房间的周光镐同学，正在钻研处理逻辑，看到陆埮一心研究爱因斯坦的相对论，称陆埮为小爱因斯坦。陆埮是一个有理想、有追求的人。"

1957 年 10 月，陆埮从北大物理系原子核物理专业毕业后，被分配到了中国科学院原子能研究所（下文简称"原子能所"）工作。在北大求学的四年，陆埮不仅学到了专业知识、科研技能、研究方法，更被北大师生的那种勤奋、求实、创新的精神所感染，深入骨髓，终生难忘。毕业时他与同学们互赠纪念品，郑重写下"愿乘风破万里浪，甘面壁读十年书"的人生寄语。他和老师与同学之间的深厚友谊、一段宝贵而难忘的青春岁月、建功立业的雄心壮志、同学少年的意气风发、服务人民的革命情怀，似乎都可以凝聚在那首《燕园情》的歌声之中。

"红楼飞雪，一时英杰。先哲曾书写，爱国、进步、民主、科学。忆昔长别，阳关千叠。狂歌曾竟夜，收拾山河待百年约。我们来自江南塞北，情系着城镇乡野。我们走向海角天涯，指点着三山五岳。我们今天东风桃李，用青春完成作业。我们明天巨木成林，让中华震惊世界。燕园情，千千结。问少年心事，眼底未名水，胸中黄河月。"

歌罢一曲，久久回响，余音绕梁。

第二章　书生报国着戎装

丹心图报国

"僵卧孤村不自哀，尚思为国戍轮台。夜阑卧听风吹雨，铁马冰河入梦来。"中国的读书人常常有着修身、齐家、治国、平天下的远大抱负，对国家和民族有着深深的爱恋。他们深知，没有一个繁荣富强的祖国，没有一个自信包容的民族，个人的发展便会处处受到限制，甚至落入悲惨的境地。家国一体，家是最小国，国是千万家。家庭是最小的社会单位，无数的家庭构成了一个国家，没有国家的稳定与强盛，每个家庭也会风雨飘摇，朝不保夕。对于这些，陆埮有着清醒的认识，一个强盛繁荣的祖国是一切事业发展的前提与保障。国强才能家和，家和才能人安。

陆埮是一个具有深厚爱国情怀的人，国家和民族的利益在他心中始终具有至高无上的地位。他从幼年学习古诗词时，就很喜欢岳飞创作的《满江红·写怀》：

"怒发冲冠，凭栏处、潇潇雨歇。抬望眼，仰天长啸，壮怀激烈。三十功名尘与土，八千里路云和月。莫等闲、白了少年头，空悲切。

靖康耻，犹未雪。臣子恨，何时灭？驾长车，踏破贺兰山缺。壮志饥餐胡虏肉，笑谈渴饮匈奴血。待从头、收拾旧山河，朝天阙。"

词中洋溢着浩然的爱国之情、冲天的民族正气、崇高的人生向往。言为心声，陆埮之所以喜欢这首词，恐怕也是因为"于我心有戚戚焉"之感吧。

陆埮是在抗日战争期间读完的小学，他对那一段颠沛流离、身不由己的经历印象深刻。日本帝国主义冒天下之大不韪侵略中国，烧杀抢掠，无恶不作。曾经街道整齐的城市，只剩下残砖碎瓦，徒留四壁。广大的乡村也受其害，人民流离失所，四处逃亡。如画般的江山，惨遭蹂躏，支离破碎。陆埮的家乡常熟当时也沦陷了，日军强迫当地的小学教授日文，并将其列入重点考试科目。"如欲亡其国，必先灭其史"，日本人用心险恶，想从文化上同化中国人，使中国人丧失反抗的意志，忘掉自己本民族的优秀传统文化。抗日战争一胜利，陆埮就把日文教材撕了个粉碎。当陆埮升入初中时，解放战争又开始了。国民党政权贪污腐败横行，已经是日薄西山，处在风雨飘摇之中。当时的社会极不安定，道路不通，物价飞涨，人民生活在水深火热之中，痛苦不堪。陆埮幼年时的惨痛经历、所见所闻，让他对建设一个强大的祖国有着极强的责任心与使命感。

陆埮从北大毕业之后，进入中国科学院原子能研究所工作。他与其他同学一样满怀希望地去报到，然而，迎接他的不是科学研究的本职工作，而是被派往北京郊区农业社参加秋收和兴修水利劳动。刚刚毕业分配的大学生必须经过劳动锻炼，这一政策在当时被视为培养无产阶级革命事业接班人的重要途径。劳动的强度很大，伙食却比较粗糙，很多时候就是窝窝头上抹一点盐，无法提供足够的营养。加上一天要连续工作十多个小时，休息时间不足，1958 年 2 月，陆埮就开始吐血，早已治愈的肺结核也复发了。他只能提前回到城里的研究所，从事书写文件、整理大字报等文职工作。他虽然名为中国科学院原子能研究所的一名实习研究员，却没有被安排任何具体的研究工作，被晾在了一边，这种状况持续了半年之久。

正所谓"祸兮福所倚"，1958 年夏天，成立不久的哈尔滨军事工程学院缺乏专业课授课老师，时任院长陈赓大将派人到原子能所抽调老师以解燃眉之急。工作人员逐一翻开原子能所在职人员的人事档案，当看到陆埮的档案时眼前一亮：出身书香门第，毕业于北京大学物理系，政治表现优良，社会关系比较简单，个人历史清清白白，当即就决定要他了。两个单位随即办理了调动手续，陆埈就这样被调到了位于哈尔滨的中国人民解放军军事工程学院第二系担任专业课老师。

陆埈在北京大学毕业分配工作时，曾经设想过很多毕业去向，但怎么也想不到自己会成为一名军人。在那个年代，军人就是革命的先锋队，是无产阶级的卓越代表，享有很高的社会声望与荣誉。当原子能所人事处的同志与陆埈谈话时，他才得知自己即将成为一名军人。这个消息出乎他的意料。一来是因为陆埈对保家卫国的军人充满了崇敬与爱戴之情，向往严肃整齐的部队生活，也想成为他们中的一员；二来考虑到国家的急切需求、国防教育的紧迫形势、革命事业的现实情况，陆埈没有迟疑，义无反顾地同意了这次调动。于是，他很快收拾好了自己的行李，坐上火车，经过长途的奔波，来到了素有"东方莫斯科"美誉的哈尔滨。

"苟利国家生死以，岂因祸福避趋之。"古往今来，凡是成就大事业、养成大德行、名传后世者，都是丹心报国的忠贞之士。他们毕生的最大追求和奋斗目标，就是希望自己的国家国富民强，海晏河清。"君子务本，本立而道生。"爱国之情是做人的根本，也是灵魂之所系。我们歌颂和纪念文天祥、陆游、郑思肖等英雄人物，是因为被他们的一片赤诚所感动，爱国大义，千秋凛然。文天祥在国家危难之际，组织义军不懈斗争，喊出了"人生自古谁无死？留取丹心照汗青"的时代最强音。陆游看到家国沦落、山河破碎的景象，心中生出无限的悲凉，天下未定，壮志难酬，临终之前，依然念念不忘收复失地，留下了一句千古传诵的遗言："王师北定中原日，家祭无忘告乃翁。"郑思肖亲身经历了国家的灭亡，但他不愿意投降新朝，终身以遗民自居。他以自己的画笔为武器，画出的兰与菊空灵飘荡，没有根蒂。别人问他何以如此？他答道："土地都已失陷，只有剩水残山。"他的名句"宁可枝头抱香死，何曾吹落北风中"感人至深，使人热血难凉。陆埈自幼便立下了"不负古圣贤，效历朝英雄"的远大志向。历代先贤的高贵精神品质时刻激励支撑着他，一以贯之，始终不渝。

儒冠更戎装

　　从陆埮所受的教育经历来看，他一直致力于文化知识的学习，是一位温润如玉的谦谦君子。至于后来被调入哈尔滨军事工程学院，实在是一种巧合，也是一种考验。从书生到军人，不仅是一种身份的转变，更是一种对历史传统的继承。

　　文武之道，一张一弛。中华民族的血脉里藏着尚武精神，这种精神不仅仅是"赳赳武夫"式的匹夫之勇，而且是一种"文事武备"的良好融合。古代所提倡的儒将精神，就是其中的典范，例如北宋时的范仲淹，他本来是一个文臣，通过发奋读书，考取功名，从而位列台阁。当时北宋边关形势紧张，与敌人的摩擦不断，范仲淹临危受命，到边关指挥作战，接连获胜，局势被稳定了下来。他写有一首《渔家傲·秋思》：

　　塞下秋来风景异，衡阳雁去无留意。四面边声连角起，千嶂里，长烟落日孤城闭。
　　浊酒一杯家万里，燕然未勒归无计。羌管悠悠霜满地，人不寐，将军白发征夫泪。

　　范仲淹用苍凉而细腻的笔触，写出了战士戍守边关的辛苦，以及功业未建、誓不还乡的壮志。

　　抗日战争时期，面对日本帝国主义的猖狂进攻，中华民族到了最危险的时刻。无数的爱国青年，为了挽狂澜于既倒，扶大厦于将倾，纷纷报名参军，用自己的知识和热血，保卫中华，保卫人民。当时的知识分子还创作了一首《知识青年从军歌》，用来宣传鼓动，感染同胞，激励同胞。歌词气壮山河，有至大至刚的金石之气。

《知识青年从军歌》

君不见，汉终军，弱冠系虏请长缨；

君不见，班定远，绝域轻骑催战云！

男儿应是重危行，岂让儒冠误此生？

况乃国危若累卵，羽檄争驰无少停！

弃我昔时笔，着我战时衿，

一呼同志逾十万，高唱战歌齐从军。

净胡尘，誓扫倭奴不顾身！

陆埮的工作单位哈军工是在抗美援朝战争的大背景下建立起来的。在朝鲜战争中，中国人民志愿军伤亡很大，如何顺应时代发展的潮流，发展现代化的国防，研制高精尖的科技与武器，作为一个重大的战略命题被提了出来。所谓"十年树木，百年树人"。要使我国的军事工业与科技取得飞速的发展，就必须培养教育出一大批掌握现代科学技术的高素质、高水平人才，这个时代的重任就落在了中国人民解放军军事工程学院的肩上。

陈赓大将是哈军工的首任院长兼党委书记，当时采取的是"边建、边教、边学"的建校方针，为了节约时间，各项事业齐头并进，一同发展。1953—1955 年间，五栋极具民族风格的教学大楼拔地而起，大气美观，功能齐全，经久耐用。其余的像体育馆、大礼堂、宿舍、食堂、医院等配套设施也陆续建成并投入使用。所有的修建工程都只能依靠人力，没有大型设备的帮助，建筑工人们手扛肩挑，用汗水与希望在一片荒凉的原野上建成了这座气势恢宏的大学。

哈军工被誉为"军中清华"，在创办初期，根据教学的需要和实际条件，学院共分设了五个系，分别是：空军工程系、炮兵工程系、海军工程系、装甲兵工程系、工程兵工程系，后面又新建立了防化学兵工程系（简称防化系）。1960年，学院办学开始实行"尖端集中，常规分散"的办法，学院下属的各系开始分建、搬迁、改制。陆埈所在的防化学兵工程系搬到了长春市康平街一号，变成了独立的防化学兵工程学院（即长春防化学院）。

1958年8月，陆埈初到哈军工时，首先映入眼帘的就是气势恢宏的五座教学大楼。教学大楼的整体形貌汲取了中国古代建筑的精髓，中正平和，庄严肃穆，极具民族性并体现出厚重的历史感。走进教学大楼，内部的设施则完全是现代化的，各种实验器材整齐有序地排列着，窗明几净，恍如隔世，堪称古今中西合璧的典范。因为是军事院校，学校的操场尤其令人瞩目。操场规整宽阔，区域功能完整，各项配套设施齐全，足足有七个标准足球场那么大，这在全国其他高校是很罕见的。这五座教学大楼和大操场构成了哈军工的标志性建筑群，后来还因为其厚重的历史底蕴、独特的建筑风格、突出的民族特色，被评为哈尔滨市二类保护建筑。

哈军工的人事部门将陆埈分配到了哈军工的炮兵工程系。中华人民共和国成立初期，人民改变国家落后面貌的意愿无比强烈，各项建设正如火如荼地进行，其中建设一支专业的防化学兵队伍就是目标之一。哈军工后来为此分设了第六系，即防化学兵工程系。防化学兵主要有两个专业任务：一个是防化学毒剂，特别是化学生物武器；另一个任务就是防原子，也就是防核辐射和核爆炸。在防原子这个方向上缺乏专业的教师，许多具体工作难以开展。陆埈在大学的专业是原子核物理学，因此他就被调到防化系教原子核物理。此时的陆埈尚未获得军籍，他穿着一身褪色的蓝棉衣裤，在一众穿着制服的军人中显得很突出。

哈军工对教师的教学水平要求很高，教师在正式教学之前还要通过试讲，只有考核通过的教师才能获得教学资格。陆埈在进行试讲时，评审专家是一位苏联人，他认为陆埈理论功底扎实，看了不少书，如果一直保持这个发展的势头的话，将来一定会大有建树。这位苏联专家不是预言家，他做出的判断是有迹可循的，就是基于陆埮那种不断学习、不断进取的精神。

坚贞固其志

　　哈尔滨的冬天很冷，室外温度常常达到零下二三十摄氏度，天寒地冻，滴水成冰。陆埮来自"春水碧于天，画船听雨眠"的江南水乡，那里的冬天也是温润的，并不十分凛冽。尽管后来陆埮到北京读了四年大学，对北方冬天的恶劣气候有所体验，见识过"北国风光，千里冰封，万里雪飘"的景象，但零下几十摄氏度的温度对他来说仍是一个重大的挑战。

　　哈军工的校风严谨，刚穿上军装的陆埮也要和新生一样要接受专业化的军训。每天凌晨，嘹亮而清脆的起床号就响了起来，陆埮便起床紧张地洗漱，叠好被子，打扫卫生。内务搞好之后，就和新生们一起出早操。无论气温有多低，或者是刮风下雨，早晨出操从不间断。晚饭之后，还要集体开会，讨论学习、工作安排，然后是学习最新的文件精神，掌握国际国内政治动态，一直等到晚点名之后才会解散。陆埮同时还承担着教学任务，回到宿舍

1959 年摄于哈军工

后，还要熬夜准备第二天上课的材料和讲义，但不管多晚睡觉，第二天还是要照常出操。

　　部队经常性的紧急集合和外出拉练，使陆埮得到了极大的锻炼，不仅提高了军事素养，还强健了他的体魄。为了锻炼部队在恶劣自然条件下的适应能力，本着"平时多流汗，战时少流血"的宗旨，学院会特意挑选最恶劣的

天气外出拉练，而且不会事先通知，都是临时吹集合哨，以便锻炼战士们在应对突发情况时灵机应变的能力。有一次，正是隆冬时节的深夜，紧急集合的哨声急促地响了起来。在不到十分钟的时间里，大家摸黑穿好军装，整拾好野战背包，带上压缩饼干等野外口粮，然后到操场紧急集合。天寒地冻，大雪纷飞，方向难辨，大家背着沉重的背包，开始了一场艰难的行军。行军的速度很快，大家心情又无比紧张，都累得满头大汗。不时有人跌倒，旁边的战士会第一时间把他扶起来，如果受伤了不能走，就两个人把他架起来一起走。每次拉练，陆埮都没有掉过队，他总是咬紧牙关，用顽强的意志、卓绝的精神战胜一次又一次的困难。拉练结束后，大家一起欢快地唱着"日落西山红霞飞，战士打靶把营归，胸前的红花映彩霞，愉快的歌声满天飞"，一起返回学校。

陆埮在哈军工是专业技术课程的教师，有空闲的时候，他会去听一些关于革命战争史、先进革命事迹、伟大革命精神的课程。陆埮通过思政老师的讲述了解到，在抗美援朝战争中，英勇的中国人民志愿军始终发扬祖国和人民利益高于一切、为了祖国和民族的尊严而奋不顾身的爱国主义精神，以及不畏艰难困苦、始终保持高昂士气的革命乐观主义精神。他们还有为了完成祖国和人民赋予的使命，慷慨奉献自己一切的革命忠诚精神，为了人类和平与正义事业而奋斗的国际主义精神，这些精神一起铸就了伟大的抗美援朝精神。

这些精神激励、感动着陆埮，使他对现在从事的国防教育工作有了更深刻的认识。他下定决心，立下志向，决心要用这些精神武装自己的头脑，无私奉献，敢于斗争，矢志不渝。

陆埮还了解到，志愿军将士面对强大而凶狠的作战对手，身处恶劣而残酷的战场环境，抛头颅、洒热血。他们中涌现出 30 多万名英雄和近 6000 个功臣集体。有毅然抱起炸药包与敌人同归于尽的杨根思，有用胸膛堵住枪眼为战友冲锋开道的黄继光，有烈火烧身却岿然不动直至壮烈牺牲的邱少云，更有跃入冰河以生命换得朝鲜少年安然无恙的罗盛教。

这些惊天地、泣鬼神的革命事迹让陆埮的志向一次比一次更坚定。志不强者智不达，谁也不是天生的英雄，必然要经过无数的考验，走过无数的曲折，战胜过无数的坎坷，才能铸就一颗强大的内心。榜样的力量是无穷的，榜样是先行者，是传道者，更是引领者。那些志士仁人、革命烈士就是陆埮心中的典型，为他指明方向，也极大地鼓舞了他。

长歌从军行

陆埮本为一介书生，携笔从戎，蜕变为一名身着挺拔军装的军人，完成了由一名怀抱理想的学生到教书育人的军人的角色转换。这段从军经历，也为他的人生奠定了军人本色，在往后的岁月里处处彰显，历久弥坚。他的军人本色主要体现在以下几个方面：

一切以大局为重，坚决服从国家和组织的安排，思考问题都从集体的角度出发。他甘愿做一颗螺丝钉，默默地坚守在自己的岗位上，不断地发光发热。他有着"咬定青山不放松"的坚韧，从平凡中见证伟大。

艰苦朴素，不事浮华的生活习惯。部队的生活是简朴的，不允许过于注重物质享受，艰难困苦才能使人得到锻炼，提升人的精神境界。陆埮对物质生活没有什么太高的要求，吃穿用度都很简单，即便是成为闻名于国内外的著名科学家以后，他也依然不乱花一分钱，克勤克俭，保持终身。

永不服输，敢于斗争的军人血性。无论是在科研中，还是在生活中遇到难题，陆埮都会全力以赴地解决，不会被过程中的挫折和困难吓倒。这种"为有牺牲多壮志，敢教日月换新天"的坚强意志，正是军人血性的体现。

不计较利益得失，随遇而安，不怨天尤人。军人大多有着大豪情、大胸怀，不会去计较许多恩怨得失、蝇头小利。陆埮把各种荣誉和待遇看得很轻，抱着一种"得之我幸，失之我命"的态度，不戚戚于贫贱，不汲汲于富贵。

注重实干，少说多做，不喜空谈。军人有着极强的行动力，知道"想要"与"得到"之间还差着一个"做到"。天下之事都是做出来的，只是空想将会一事无成。陆埮就是一个实干家。他明白再近的地方，如果不用脚去走就不能走到；再小的一件事情，如果不动手去做就不能完成。他常挂在嘴边的一句话就是"千里之行，始于足下"。

在以前的国防军事教育文化课本上，很多都印有两首边塞诗和一首词。一首诗是王昌龄的《从军行》：

> 青海长云暗雪山，孤城遥望玉门关。
> 黄沙百战穿金甲，不破楼兰终不还。

另一首诗也叫《从军行》，作者是被誉为"初唐四杰"之一的杨炯：

> 烽火照西京，心中自不平。
> 牙璋辞凤阙，铁骑绕龙城。
> 雪暗凋旗画，风多杂鼓声。
> 宁为百夫长，胜作一书生。

词的作者则是被誉为"豪放派集大成者"的辛弃疾，词牌为《破阵子》：

> 醉里挑灯看剑，梦回吹角连营。八百里分麾下炙，五十弦翻塞外声，沙场秋点兵。
> 马作的卢飞快，弓如霹雳弦惊。了却君王天下事，赢得生前身后名，可怜白发生！

　　三首诗词都是作者对自己军旅生涯的回顾、对军人豪情的抒发、对激情岁月的怀念。"今人不见古时月，今月曾经照古人。"千载从军行，古今一般心。

　　"黄沙百战穿金甲，不破楼兰终不还"体现了不达目的誓不休的坚韧与决绝。"宁为百夫长，胜作一书生"是作者对军人身份的珍视，为国为民、建功立业之心，跃然纸上。"醉里挑灯看剑，梦回吹角连营"，纵然已不在行伍之中，但那热血澎湃、横刀立马的光辉岁月依旧令人怀念，魂牵梦绕，一生本色不变。此刻，陆埮与古人同此心，共此情。

第三章　别有根芽志科研

兢兢尽本职

"两手空空无一物，艰难困苦我多情。"学校安排陆埈给学生教授原子核物理学这门课程，规定了讲授内容的纲要及知识范围，却没有现成的教材。陆埈就自己动手，广泛地查阅各种资料，参考一些名家的讲课提纲，充分结合国家的现实需要，经过一段时间的艰苦努力，写出了上课用的上、下两册《原子核物理学》讲义，并由哈军工铅印出版，用作主要教材。

陆埈编写的这两册教材，纲目分明，条理清晰，内容充实。全书以说明原子结构为中心，从光谱学、电磁学、X 射线等方面的实验事实和总结出的规律，汇总到原子结构的全貌，并提到了当时有一些具有实际意义的应用方面，如激光原理、顺磁共振。最后又对原子核和基本粒子做了简要介绍，这个章节后面都附有习题，体例也十分统一，采用的是国际单位制。陆埈经过多次讲授，又根据学生的学习特点和学科的发展水平，对教本做了许多修订，使之日臻完善，在当时颇受好评。

陆埈的教学十分有特点，他很注重理论与实践相结合、具体与抽象相表里、内容与形式相统一，讲课生动活泼，旁征博引，深入浅出。原子核物理的难度很大，理论知识也相对枯燥，学生们学起来却乐在其中，求知欲极强，足见陆埈讲课水平的高超。对于陆埈的教学，学生张尧柏回忆道：

"我是在防化学院念四年级时，认识陆埈老师的。他当时担任我们班的'核物理'课程的教学工作。大家知道，物理学就是一门难学的课程，而核物理课就更难了！开课之前，我们都担心听不懂、跟不上。然而，当陆埈老师给我们讲完第一堂课之后，我们悬着的一颗心就踏实了！因为，他条理清晰、逻辑性强、由浅入深、循序渐进的讲授风格，让我们学生听起来轻松、易懂，学好的信心大增！更为难得的是，当时我们都没有教材。所以，听课时的笔记就是复习时最重要的依据。而陆老师在黑板上的板书，写得特别清楚，段落层次以及标点符号都非常严谨。这让我们不但能听好课，同时也能记好笔记。所以，我的核物理笔记，是我在大学期间所有课程的笔记中记得最清楚、最好的一本。说陆埈老师的教学效果是最好的，一点儿也不为过。"

张尧柏上陆埈这门课的时候，两册讲义还没有正式编写出来，但通过张尧柏的回忆，我们不仅可以感受到陆埈深入细致、条理清晰的上课特点，而且能看出教材的编写不是一件轻松的事，是需要投入大量时间和精力的系统工程，没有前期的积累和长期的思考，是难以编出一本好教材的。陆埈绵绵用力，久久为功，在编写教材之前，已是成竹在胸，具体的轮廓和内容都是十分明晰的，这样的教材也一定会获得成功。

万丈高楼平地起。在课堂上，陆埈十分强调基本理论、基本概念、基本公式的重要性，引导学生踏踏实实地走好每一步，在求学之初打好坚实的基础。基础不牢，地动山摇。在物理的学习上，他告诫学生不能"好读书，不求甚解"，而是应该"上天下地求之遍"。遇到一个问题，一定要抽丝剥茧，彻底地学懂弄通。学生如果对某些问题一知半解，存在着模糊的认识，会导致在源头上就产生错误，这样在进行严谨的逻辑推导时，就会一步错，步步错，往往事倍功半。他不仅传授给学生具体的知识，还善于提出一些富有思辨性的问题来吸引学生的注意力，鼓励学生敢于突破，大胆去思考和探究，及时抓住灵感，敢于试错。

陆埈还一改长期沿用的教给学生"空瓶子"的教学方法，并结合自己在北大读书的经验，提出了要教给学生"实瓶子"的理念。所谓的"空瓶子"

就是教给学生知识的框架，讲清楚基础概念和理论推导，让学生根据自己在练习习题和操作实验中发现的问题，对其进行填充，这类似于我们常说的"师傅领进门，修行靠个人"。而"实瓶子"不仅要求老师教给学生基础知识和理论推导，更要举出一些科学史上的具体实例，来启发学生，引导学生把理论知识与生活生产实践相联系，掌握一整套科学研究的路径与方法，最终做到内化于心，外化于行。特别是在信息获取源头多样化的时代，面对社会上科技迅速发展的趋势，教师教给学生的应该是发现问题、分析问题、解决问题的方法。而为了避免教学过于抽象与空洞，具体的例子就像一座沟通理论与实践的桥梁，既可以提高学生的认识，又可以改善学生的方法，一举而两得。陆埮的"实瓶子"教学法走在了时代的前列。

除了上课时间，平时如果有学生来请教一些课本外的问题，比如黑洞现象、宇宙起源、恒星爆炸、相对论、波粒二象性等，陆埮总是满面春风、耐心细致地讲解，直到学生的困惑得到解答为止。陆埮十分平易近人，与学生们相处得极其融洽，师生之间亦师亦友，其乐融融。陆埮与许多学生还成为终身的挚友，一些学生毕业留校任教，他们又成为朝夕相处的同事，这份师生之间的情谊历久弥新，为人称道。

"以诚感人者，人亦诚而应。"陆埮对教学认真负责，对学生关怀备至，对同事坦诚以待，他良好的品格获得了师生广泛的赞誉。后来，陆埮无论是走出国门到五洲四海学习交流，还是到国内任何一个地方，都有很多朋友和学生来拜访他，和他亲切地交谈，分享学习、科研、生活上的一些趣事。陆埮和他的许多学生长期保持着书信联系，有的甚至坚持了十几年，写在信纸上的，有生活中的奇闻异事、所见所闻，有学习和研究上遇到的困惑，有对人生的思考和感慨，话题多种多样，表达情意绵长。

20 世纪 90 年代陆埮与曾经的哈军工学生合影（左二为陆埮）

别有慧根芽

早在北大求学期间，陆埮就产生了一个坚定的信念：自己一定要做科研，而且要做出成就，达到一定的水平。然而在毕业后，受到一些现实因素的干扰，他未能被分配到研究岗位从事科研，而是从事了一些更具体的工作。但他没有放弃自己的梦想，从 1958 年开始，就为科研工作进行积极的准备。在科研课题的选择上，他极具前瞻性，注重考察研究课题的研究现状与前景。当时，他特别关注科学领域的以下三个方面：一是物理学上最基础的，具有根本性质的新思想、新观点、新概念等；二是容易通过设计实验进行证明，表现性能极高的新效应、新现象等；三是具有广泛和深远应用价值的新发现、新方法、新仪器等。

从北大毕业之后，陆埮就一直密切关注着这三个方面的科研进展和成果。念念不忘，必有回响。他关注到了新发现的穆斯堡尔效应。1958 年，年轻的德国物理学家穆斯堡尔（R.L.Mössbauer）发现，可以将发射 γ 光子的原子核和吸收 γ 光子的原子核都束缚在晶体的晶格中，以消除因反冲而导致的能量损失，从而实现了 γ 射线的无反冲共振吸收。为了更形象地理解这一原理，我们可以做一个类比：想象河面被冻结成坚实的冰面，两只小船被牢牢地固定在冰面上。当小孩从第一只小船跳到第二只小船上时，由于冰面的固定作用，两只小船都不会因反冲力而发生移动。类似地，穆斯堡尔效应的基本原理就是通过将原子核固定在晶体的晶格中，消除了因原子核发射或吸收 γ 光子时产生的反冲效应，从而实现了 γ 射线的无反冲共振吸收。这种效应具有高灵敏度，有着十分广泛的应用价值，可供研究的空间还十分广阔，陆埮最终选择将穆斯堡尔效应作为他个人业余科研的首个课题。

从此，陆埮一边在三尺讲台上全力以赴地传道授业，一边凭借着自己顽强的意志利用业余时间做科研。"既然选择了远方，便只顾风雨兼程……我不去想，身后会不会袭来寒风冷雨，既然目标是地平线，留给世界的只能是背影。"每天晚上陆埮总是工作到深夜，当别人早已进入甜蜜的梦乡时，陆埮的房间却仍然亮着灯。他正在苦心钻研，撰写学术论文，孤灯微明，一室清光。周末同事们都相约去聚餐、看电影、野炊时，陆埮仍旧一个人坐在书案之前，时而沉思，时而奋笔疾书，推敲着公式定理的论证过程。

抗战时期，著名的文学家、爱国人士闻一多客居蒙自。他当时正在撰写一本重要的著作，把自己关在一座小楼的二楼，废寝忘食，夜以继日。他几乎不下楼，生活必需品都由他人代为办理，也因此获得了一个"何妨一下楼主人"的雅号，一时传为美谈。西汉时期的董仲舒，为了写成安邦定国的《春秋繁露》，每天坐在书斋之中与典籍为伴。暑往寒来，历经三年，书才写好。这三年期间，董仲舒甚至没有看一眼自家的花园，史称"三年不窥园"，成为历代勤于著述的典范。陆埮的勤奋程度，是可以和这些古圣先贤相比肩的。"从来好事天生俭，自古瓜儿苦后甜。"在科学道路上辛勤耕耘的陆埮，不仅在教学的本职工作上表现突出，广受好评，而且在业余科研方面也突破了前人的一些认识局限，达到了一个全新的境界。他用尽心血凝结成的学术论文也成功地发表在国内的重要刊物上。

1962 年，陆埮根据自己长期研究穆斯堡尔效应所积累的学术创见，独立撰写了自己的第一篇学术成果《Mössbauer 效应问题中的一个平均值定理》。这篇论文发表在当年《物理学报》第 18 卷第 483 页上，而《物理学报》是国内物理学领域公认的最权威期刊之一。当时国家仍受三年困难时期的余波影响，许多学术期刊因资源匮乏、经济困难等种种缘由纷纷停刊，一个年轻教师能在这种级别的杂志上独立发表文章，是件十分了不起的事情，陆埮也因此被人刮目相看。

1962 年，由于在教学上取得的显著成效和做出的突出贡献，以及业余科研所取得的优异成绩，陆埮被学院破格晋升为讲师。之后，他继续把业余科研的注意力集中在穆斯堡尔效应的课题上。皇天不负有心人，1964 年在《物理学报》第 20 卷第 777 页上，陆埮独立发表了第二篇论文《Mössbauer 谱线

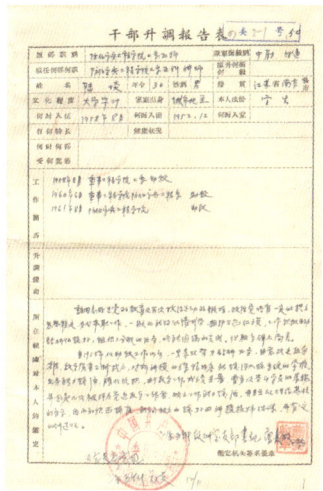
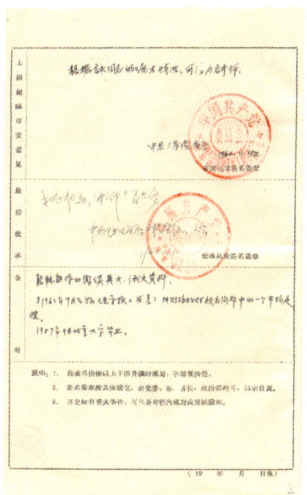

1961 年陆埮的干部升调报告表

的热致宽》。随着陆埮的科学研究成果接连问世，他业余从事科研的事迹被越来越多的人知道，在单位引起了不小的轰动，产生了很大的影响。

　　在陆埮的两篇研究论文发表 30 多年后，1997 年夏天，穆斯堡尔应邀出席在南京举办的纪念世界著名物理学家吴健雄女士的国际会议。陆埮也参加了这次会议，会议期间与穆斯堡尔就学术问题进行了深入交流，并合影留念。这两位研究同一物理效应的学界巨擘，跨过万里重洋，得以在金陵聚首，互相倾慕，惺惺相惜，实在是学界的一大幸事，一直被传为佳话。

陆埮与诺贝尔奖得主穆斯堡尔于南京状元楼合影（左起：陆轻铱、陆埮、穆斯堡尔、周精玉）

　　与有肝胆人共事，从无字句处读书。在业余科研的道路上，陆埮并不是一个人在战斗，他还有两位志同道合的合作者，一位是罗辽复，一位是杨国琛，他们三人是北大同学。那时，罗辽复和杨国琛在各自的工作岗位上都做着一些业余性质的科研，处境和陆埮类似，但他们的工作领域分别侧重于粒子物理和原子核结构方面。他们三人的业余科研始终遵循着一个大的方向，科研成果一定要突破前人的见解，有所创新，不拘泥于固有成见。理论成果要经得起逻辑推理，有完整的演算过程，而且还要得到实验的有效验证，具有很强的可重复性，这样才更具有说服力。而对于那些只是停留于理论猜想阶段而无法实验证明的课题，例如弦理论、虫洞效应等，他们并不做过多的考虑。他们三人对穆斯堡尔效应、粒子物理、原子核结构等方面最感兴趣，将其确定为主要的研究方向。陆埮不仅将粒子物理视为业余科研合作的课题，还把研究过程中的思考以及课题所取得的成果，都融入了教学过程中，提高了课堂的理论水平，拓宽了学生的科研视野，成效显著，一举两得。陆埮曾在《物理》杂志创刊 40 周年纪录片系列访谈中提到："当时李政道、杨振宁和吴健雄的那个工作也是粒子物理，所以我讲粒子物理，学生们也是很愿意听的，反应很强烈。我讲课不是照本宣读，是有一些新的东西，有一些前沿的东西，那个东西比较活。所以教学和科研应当结合在一起。"这些都是值得我们后来人借鉴的不可多得的经验之谈。

夙夜未尝懈

"繁华易散烟火冷，寂寞守此读书身。欲见笔下风云意，孤灯微冷到三更。"陆埮在学校里承担的教学任务很重，加上还要参加各种会议，投身于各种社会实践活动，白天基本上没有空闲时间。他一般是在晚饭后，批改完学生们的作业，完成一天的工作日志，备好第二天的课之后，才能开始开展业余科研。晚上十分安静，没有什么人来打扰。如果是夏天，只有蝉鸣声相伴；如果是冬天，就只有窗外凛冽的寒风呼啸的声音了。每天晚上他都会伏在案前，专心致志地进行逻辑推导，聚精会神地进行数字演算。有时候因为过于认真，他会忘记时间，当抬起头来时，窗外已是天光微明，他只好稍微闭目养下神，然后又开始投入到新的一天的工作中。这样的日子周而复始，一年到头几乎不间断。人们常说，上帝是公平的，每个人的一天都只有

24小时；而上帝又是不公平的，在这24小时中，有人虚度光阴，有人争分夺秒，人与人之间的差距逐渐拉开。陆埮之所以能够取得那样夺目的科研成就，是因为他几乎放弃了所有的兴趣爱好，把所有的业余时间都集中于搞科学研究，时间不够，便夜以继日，挑灯夜战，不怕孤独，内心安然。

陆埮的业余科研完全凭借个人热情与毅力支撑，学校并没有任何经费支持，每天该做的工作也一件不能少。陆埮的业余科学研究工作可以说是难上加难。

陆埮当时几乎没有任何资料可供查阅，各种教材、工具书也是残缺不全，和国外的学术沟通交流几乎停滞，了解不到最新的科研动向和进展。科学研究极端重视原创性，第一个发现的人是创新者，第二个发现的人就只能成为模仿者和重复实验者。陆埮无法获取国外的最新资讯，更无法知晓自己手头的工作是否早已由国外学者完成，一切充满了不确定性。但他仍然抱着"虽千万人，吾往矣"的坚定决心与巨大勇气，不计得失，完成就好。他认为完成科研工作本身就是一种胜利，而不必过多地去思考会给自己带来什么。

开门七件事，柴米油盐酱醋茶。人们在从事某项事业的时候，常常会考量经济因素所带来的影响，往往需要得到经济层面的保障，才会进入具体实施阶段。然而，陆埮的业余科学研究没有任何资金来源，在当时也得不到任何方面的支持，更不用说科研经费了。他当时的工资并不高，还要每月给父母寄去赡养费，同时，订阅图书杂志以及购买计算用的稿纸也是一笔很大的费用。即使这样，他也始终秉持着"只要精神不滑坡，方法总比困难多"的想法。资金紧张，生活拮据，他就把吃穿用度降到最低标准，避免一切不必要的消费，无视物质方面的享受，一心扑在科研上，追求精神世界的自由与满足。

"人的一生可能燃烧，也可能腐朽。我不能腐朽，我愿意燃烧起来。钢是在烈火和急剧冷却里锻炼出来的，所以才能坚硬和什么都不怕。我们这一代也是在这样的斗争中和可怕的考验中锻炼出来的，学会了不在生活面前屈服。"陆埮排除万难，在力所能及的范围内，利用一切有利条件从事业余科研工作，为此他放弃了所有的业余活动，做出了自己的抉择。

人的一生，时间和精力都十分有限，想要做出过人的成绩，只能选择有限的一个或几个方面进行深耕，以便达到"至于用力之久，而一旦豁然贯通焉"的高超境界。这也就要求我们，在面对纷繁复杂的局面时，不能够眉毛胡子一把抓，而是应该不忘初心，牢记自己的使命，抓住主要矛盾，有所取舍，方能致远。陆埮为了自己做科研的梦想，牺牲了自己的一切休息时间，睡眠时间也很不充足，但却收获了丰硕的成果与精神的愉悦。

中国历史上勤苦求学的故事很多，比如凿壁偷光、悬梁刺股、囊萤映雪等。明代的宋濂有一篇《送东阳马生序》，里面详细记述了他当年求学的艰辛苦楚："当余之从师也，负箧曳屣，行深山巨谷中，穷冬烈风，大雪深数尺，足肤皲裂而不知。至舍，四支僵劲不能动"，在这样的艰难困苦中，宋濂仍然不抛弃，不放弃，忍受着常人难以忍受之苦。我们不禁要问，是什么力量在支撑着他呢？"余则缊袍敝衣处其间，略无慕艳意。以中有足乐者，不知口体之奉不若人也。盖余之勤且艰若此。"宋濂并不羡慕同学们的锦衣华服，甚至对此不屑一顾。因为读书足以让他的精神世界感到愉悦和满足，这是一种更高层次的享受。在如何看待物质享受和精神享受这个问题上，陆埮和宋濂可谓是跨时代的知音。

"大丈夫生于天地之间，岂可与草木同朽乎！"陆埮对自己的人生也有一种期待，不愿意浑浑噩噩过一生，而是希望有所建树，充分地实现自己的人生价值。所以陆埮珍惜每一分一秒，全身心地投入到科研中，夙夜匪懈。"君子疾没世而名不称焉。"读书人的这种担忧，实际上是对功业未成、人生价值未能实现的担忧。而人实现人生价值最好的方式就是行动，所有的事情都是干出来的，所有的功业都需要双手去创造。陆埮深谙此道，并用一生去不懈地践行。

"人最宝贵的是生命，生命对于每个人只有一次。人的一生应当这样度过：当他回首往事时，不因虚度年华而悔恨，也不因碌碌无为而羞耻。这样，在临死的时候，他能够说：'我的整个生命和全部精力，都已经献给世界上最壮丽的事业——为人类的解放而斗争。'"保尔·柯察金的这段话，道出了人生奋斗的目标，仰不愧于天，俯不怍于人，足矣。

岂是早前定

陆埮热爱科研、痴迷科研、矢志科研，历经千回百转而从未动摇。他在科研上做出了巨大的成就，成为享誉海内外的名家，获得了一系列殊荣。除了他献身于科研，取得骄人成绩之外，我们不禁要问，难道陆埮天生就是一个适合科研的人吗？他对科研的执着与热爱是冥冥之中就决定了的吗？因为他最开始从事的业余科研，实在是太苦太累，取得的成绩不仅可能得不到承认，自己还可能因此成为被批判的对象，何苦而为哉？

陆埮义无反顾地投身于科研事业，做出了极具分量的成果，并不是说他有什么先天优势，或者是冥冥之中早有安排。"人非生而知之者，孰能无惑？"知识都是通过后天学习而习得的，没有人一生下来就博古通今、满腹经纶，都需要经过长期不懈地积累与沉淀。从唯物主义的角度，也不存在什么命中注定之事，所谓天命，不过是我们内心世界的一个寄托罢了。人们常说"三分天注定，七分靠打拼"，其实应该是十分靠打拼，任何成功的花朵，都需要血汗的浇灌。

"亦余心之所善兮，虽九死其犹未悔。"陆埮之所以能够历经千锤百炼，始终初心不改，坚守科研信念，是因为他基于自己的人生价值和远大志向，做出了有利于国家和人民而又适合自己的选择。马克思在他的中学毕业论文《青年在选择职业时的考虑》中写道：

在选择职业时，我们应该遵循的主要指针是人类的幸福和我们自身的完美。不应认为，这两种利益是敌对的，互相冲突的，一种利益必须消灭另一种的；人类的天性本来就是这样：人们只有为同时代人的完美、为他们的幸福而工作，才能使自己也达到完美。

如果我们选择了最能为人类福利而劳动的职业，那么，重担就不能把我们压倒，因为这是为大家而献身；那时我们所感到的就不是可怜的、有限的、自私的乐趣，我们的幸福将属于千百万人，我们的事业将默默地、但是永恒发挥作用地存在下去，而面对我们的骨灰，高尚的人们将洒下热泪。

在面对人生的选择时，有些人追求高官厚禄，有些人渴望家财万贯，有些人期盼名利双收，有些人满足于平平淡淡，有些人选择得过且过，还有些人安于碌碌无为。这些选择都无可厚非，因为人的诉求是多元化的。马克思曾告诉我们，人的一生不应只是着眼于自己，而是要为国家、民族的繁荣富强、安定昌盛，为全人类的最终解放而奋斗，这是一种最高尚的、最值得尊敬的选择。陆埮选择把科研作为自己终身的事业，就是希望多出科研成果，多实现理论向应用技术的转化，用自己的辛勤和智慧来为祖国的建设、民族的发展尽一份该尽的力量。"千淘万漉虽辛苦，吹尽狂沙始到金。"所以说从来没有什么天生的伟人与英雄，有的只是那些怀揣理想、勇于前行，并且不懈奋斗、永不言败的人。

"非关癖爱轻模样，冷处偏佳。别有根芽，不是人间富贵花。"陆埮守得住寂寞，对科研有着超乎常人的热爱与坚持。他的"根芽"在以后漫长的岁月中逐渐成长、开花、定型、结果。他有着人间一流的志向，也有着人间一流的勇气，不慕名利，甘于奉献，真正做到了"不羡人间富贵花"。

第四章　此生情系哈军工

身心付家国

为了巩固国防和加强军事科技的现代化建设，哈军工应运而生。陆埃初到哈军工后，最先被分到炮兵工程系。后来哈军工又成立了防化学兵工程系，陆埃转调至此，肩负起原子核物理教学的重任。1961 年，防化学兵工程系独立办学，建成防化学院，位置在长春市康平街一号，陆埃又随迁到那里继续执教。可以说，从哈军工防化系的设立、建设、发展，再到防化学院转设后的巩固、提高、充实，陆埃始终勤勤勉勉、兢兢业业，做出了不可磨灭的重要贡献。虽然在大学毕业后，陆埃到中国科学院原子能研究所工作过一段时间，但哈军工才是陆埃教学和科研事业真正意义上的起点。

自从 1958 年踏入哈军工大门，陆埃披上了那身军装，便是近十载春秋。1960 年 5 月 5 日，他被授予技术中尉军衔；1962 年 9 月 1 日，他因在教学岗位上做出了突出贡献，被授予"先进教育工作者"称号；1963 年 8 月 25 日，陆埃由中尉晋升为上尉，荣耀更甚；1965 年 5 月 15 日，他的行政级别被定为 20 级。"故大德必得其位，必得其禄，必得其名。"陆埃在职务和级别上的提升，就是他孜孜不倦、发奋努力工作的最好证明。

在哈军工的这段独特的军旅生涯中，陆埃将军人吃苦耐劳、刚毅坚贞、迎难而上、不懈奋斗、心怀家国的优良品质融入了他的血液之中，这些品质成为精神上的永恒记忆，并使他受益终生。在哈军工的那段岁月里，陆埃将一切的时间和精力都投入到了教学和业余科研中，自己没有任何的私心杂念。他平易近人，待人如同和煦的春风，绝不会给人高高在上的感觉。他从来不去理会和计较个人利害得失，只是默默耕耘、默默奉献，心中常怀爱国之情。他乐于推己及人，以"俯首甘为孺子牛"赞之倒是十分恰当。

"天下之本在国，国之本在家，家之本在身。"陆埈以身心付家国，不为己身谋利益，真正将自己与祖国和人民牵系在了一起。

北国教书人

梦听南人语，醒听北人歌。陆埈来自被称为"人间天堂"的苏杭一带。他是一个典型的南方人，习惯了江南的春雨杏花、红豆枝头。尽管在北京读了大学，也感受了几年的"塞上秋风猎马"，但哈尔滨凛冽的寒风、彻骨的霜雪，依然对他构成了巨大的挑战。且南北遥隔几千里，他回家不便，唯有以写信的方式来寄托思念。离家愈久，系念愈深。

哈尔滨地处山海关以外的东北地区（明清时期称"关外"或"关东"）。清朝词人纳兰性德在从故乡（关外）返回京城（关内）时，写下了一首名词《长相思》：

　　　山一程，水一程，身向榆关那畔行，夜深千帐灯。
　　　风一更，雪一更，聒碎乡心梦不成，故园无此声。

纳兰性德离别故乡，依依不舍，几乎心碎。只是纳兰性德的故乡，对于陆埈来说，却是异乡。

在哈军工，陆埈的本职工作便是教书育人，这也是他的第一份教职。在这里，他通过教学实践，逐步积累了丰富的教学经验，教学能力得到初步展现，教学基本功得到初步培养，教学理念也不断走向了成熟化和体系化。从感性认识到理性认识，从观念形成到实践执行，他在教学上的成长进步是飞跃式的。

"学高为师，身正为范。"此时的陆埮不仅习得了军人的诸多优良品质，教师那循循善诱的耐心、有教无类的平等、因材施教的精准、诲人不倦的执着、以身作则的自信、精益求精的刻苦、春风化雨的温柔，也被刻入了陆埮的骨髓。在以后的教学工作中，他始终不折不扣地遵循这些品质与准则。一日信之，终身守之。

陆埮的身份是双重的，既是军人又是教师，这意味着他不仅担负起了更大的责任，也得到了更大的锻炼。他在两个角色之间从容转换，应对自如，也为将来挑起大梁，担任更多实质上的职务提供了有利条件，奠定了坚实的基础。对于他在北国的这段教书生涯，用"教师亦是血肉身，唯在学高且身正。留得几分浩然气，谆谆良言化莘莘"几句来概括，是恰如其分的。

一段难忘岁

大概好物不坚固，春去秋来非少年。人在一生中，都会有那么几段特别难忘的岁月，或在少年，或在中年，或在老年。唯其有意义，故而珍贵；唯其珍贵，故而难忘。

陆埮在哈尔滨经历了太多太多。那个时代，是一个风起云涌、改天换地的大时代。革命的洪流滚滚向前，社会的发展日新月异，国家的建设热火朝天。陆埮像一朵浪花，裹挟在时代的大潮之中，起起伏伏，奔涌向前。其间有喜怒哀乐，有爱恨嗔痴，有不测之风云，有旦夕之祸福。他始终守着初心，保持坚贞和勇毅，一步一个脚印地走了过来。

参军入伍，教书育人，运动起伏……这些既是陆埮走入社会，走上工作岗位的人生初体验，亦是人生一笔不可多得的财富。彼时正值陆埮的黄金岁月，一段激情燃烧的岁月，青春的活力正散发着无限的光芒。

"早闻楼外别有天，浙江潮水庐山烟。而今还来一回首，读书恰如春耕田。"当陆埈离开哈尔滨，见过楼外高楼、天外高天，看过浙江潮水，感受过庐山烟云之后，再来回首，后来的一切都是刚刚步入社会时奠定的。陆埈的一生好似耕田，他在哈尔滨撒下了种子，离开后从事的一切，便是洒水、施肥、耕耘、收获。正如路遥的巨著《平凡的世界》中所描绘的那样，普通人的生活是平凡的，一日三餐，四季轮回，离合悲欢，生老病死，他们的世界是一个平凡的世界。也正是在这平凡的世界里，发生着一切、孕育着一切、隐藏着一切、丰富着一切。平凡的世界不是平的，有高山低谷，有急流缓溪，有悠然岁月，有尖峰时刻。陆埈在平凡而又不平的世界里，留下自己的痕迹，标定自己的起点，余生纵漫长，此处已难忘。

此生不了情

树高千尺，终亦有根；江流万里，必当有源。哈军工是陆埈事业开始的地方，在以后的岁月里，纵然是山川遥隔，他仍然对这里心心念念，十分关注。他曾多次回访哈军工，走上那片熟悉的土地，拜访那些昔日的老友，目睹那些依旧的风光，常常不免生发出"年年岁岁花相似，岁岁年年人不同"的感叹，久久萦绕，感慨系之。

2006年，陆埈回到了哈尔滨工程大学[1]地理学院访问交流，因为他在科研事业上的突出成就以及对学校建设的关心，他被学校聘为兼职教授，定期来学校举办讲座或召开座谈会。2008年10月，陆埈应邀到哈尔滨参加学术

1　哈尔滨工程大学的前身是中国人民解放军军事工程学院（哈军工），在其历史发展过程中经历了多次更名与调整。

会议，夫人周精玉陪同前往。会议闭幕之后，在哈尔滨工程大学的盛情邀请之下，夫妇二人又一同访问了哈尔滨工程大学三系。为了促进学术交流，培养学生的问题意识以及拓宽他们的思维领域，陆埃还给全校学生做了学术报告，现场气氛热烈，掌声雷动，效果极佳。2010 年 8 月，陆埃应哈尔滨工程大学邀请，与夫人一道，进行了一段时间的专程访问。学术报告是重头戏，陆埃介绍了当今科学研究技术的前沿成果，以及前人已经奠定的基础，进行了科学史的回顾，介绍了具有研究价值的课题方向。除了学术报告之外，陆埃还与研究生们一起开了几场座谈会，他热情地与研究生们交换看法，提出一些做研究的建议和方法，讨论学科发展的趋势与前景，探讨人生应有的态度和人生价值当以何种形式实现等问题。大家其乐融融，如沐春风。2013 年 8 月，哈尔滨工程大学举办了建校 60 周年校庆活动，陆埃又和妻子一起来到了哈尔滨。陆埃参观了哈军工的校史馆，看着其中陈列的一本

2008 年陆埃与夫人周精玉在哈尔滨工程大学教学楼前留影

本自编教材、一册册同学回忆录、一张张留念合影、一段段旧日影像，他感觉旧日的时光像风一样吹进了自己的胸膛，涤荡着内心，澎湃着热血。六十年一甲子，对于一个学校来说，这可能只是万里长征第一步，只要办学不停止，学校的精神和气质就会永远流传下去，生生不息，历久弥新；对于个人来说，一个人的生命是短暂的、有限的。人活百年，终归于尘土，如何活出价值、活出力量、活出品质，是一个值得深思的问题。陆埈时常会怀旧，但不会活在追忆和过往之中，眼前的事才是最重要的事，对于这个问题，他给我们的答案只能是"一万年太久，只争朝夕"。

　　"种桃道士归何处？前度刘郎今又来。"周国平说："故地重游是一种微妙的人生境遇。"自强不息的人总是在不断前进，跋山涉水，步履匆匆，离出发的地方愈来愈远，终至渐渐模糊。所以人们会故地重游，去找回出发时的诚朴初心，去纪念远行后的光阴荏苒，去滋养回首处的忧乐喜悲。故地重游，让人知所从来，坚定信念，走向未来。"端坐书斋亦任侠，煮茶烹酒话生涯。不若投笔儒冠弃，最是耀目战场花。"陆埈多次回到哈工大，心中永远难以忘怀的，恐怕还是那"耀目战场花"。

第三篇
任尔东西南北风

陆埈对待知识、对待科研，总是秉持一种纯粹而自
然的态度。他的科研征途，风雨兼程，在面对时代
的风云变幻时，陆埈始终坚守初心，勤勉耕耘。逆
境中坚持，顺境中精进，终成大器。

第一章　一生一世一双人

有缘千里会

陆埮的妻子名为周精玉，1938 年 3 月 8 日出生于湖南省常德市石门县。其父母都来自书香门第，她自幼也接受了良好的教育。1961 年 7 月，周精玉毕业于武汉大学化学系，她的导师是中国近现代化学教育和化学工程的主要奠基人和开拓者曾昭抡院士。周精玉发表在《武汉大学学报》（自然科学版）1962 年第二期的毕业论文，是在曾院士的亲自指导下完成的。1961 年 8 月，周精玉被武汉大学化学系直接分配到长春防化学院从事基础课教学。她满怀对未来的无限期待，带着简单的行李，只身来到了吉林长春。

当时，陆埮和周精玉都是长春防化学院的教师，陆埮的办公室在教学楼的二楼，周精玉的办公室在三楼，两个人每天都在同一栋办公大楼里上班，却从未谋面，都只是听说过对方的名字。1963 年夏天，中国科学院长春应用化学研究所召开"全国物质结构学术会议"，陆埮和周精玉都参加了。在此之前，两人都是只闻其声，不见其人，这是他们第一次见面。这次学术会议共持续了三天，他们得以聚在一起交流学术问题，也会谈一些生活中的见闻，二人由此慢慢熟悉起来。通过三天短暂的接触，陆埮认识到周精玉是一个心怀理想、质朴无华、勤奋求实、善解人意的青年人。而这些优良品质陆埮同样具有，周精玉对此留下了很深刻的印象。

回到单位以后，他们的接触逐渐增多，经常会在一起交流教学的心得，讲述自己的经历，谈论自己的理想。渐渐地，他们都对对方心生好感，心境和关系也发生了微妙的变化。那时的爱情简单而纯粹，没有什么浪漫的约会，也没有感天动地的海誓山盟，有的只是互相关心、互相理解、互相思念。他们互相赠送的礼物也别具一格，是各自在期刊上所刊发论文的抽印本，这是独属于他们的浪漫。

1965年，周精玉被派往农村参加"社会主义教育运动"，陆埃则留在学院继续上课。陆埃到车站送周精玉上车时，曾将自己佩戴的手表送给她，以便她在农村也能掌握好时间。周精玉婉言谢绝道："如果我需要手表，我会自己买一块的，你放心好了。"从这件小事中，陆埃看到了周精玉性格中的坚强与自立。纵然是两地遥隔，他们时常给对方写信，分享近日的见闻，诉说心中的思念。"客从远方来，遗我双鲤鱼。呼儿烹鲤鱼，中有尺素书。长跪读素书，书中竟何如。上言加餐食，下言长相忆。"读到对方的来信，看着遒劲的笔迹，感受着温馨的话语，就好像亲自见到了对方，正和对方亲切地晤谈。他们在盼望对方来信的日子里，既迫不及待又倍感幸福。

1966年元旦前夕，陆埃用平常记录文献的卡片写了一首藏头诗，作为新年贺词，寄给了周精玉，上面写着：

精益求精苦钻研，
玉样文章读篇篇。
你道桌前何所事？
好生发奋几十年。
新春勤灌科学松，
年来有志献一功。
快马加鞭不停蹄，
乐在共研学问中。

"投我以木桃，报之以琼瑶。匪报也，永以为好也。"不久，周精玉也写了一首意蕴深刻的藏头诗，誊抄在用信纸制成的贺年卡上，寄给了陆埃。上面写着：

陆道无穷人先开，

坎坦荡漾气质概。

你用科学绘乾坤，

好事多磨志不改。

新春绽开科学花，

年年硕果耀中华。

快创佳绩谱春秋，

乐在成就遍天涯。

中国是一个诗的国度，中国人用诗歌来抒发情感、表露真心有着悠远的传统。他们二人互赠七律藏头诗，字里行间表达了给对方的美好祝愿，含义隽永，意在言外，既体现了两人对古典诗词的共同热爱，又是古典人文意蕴在现代人身上的完美展现。

1966 年元旦，陆坎向周精玉提出了结婚的请求，周精玉欣然同意。同年 1 月 20 日，这天也正好是农历的大年三十，陆坎和周精玉登记结婚。时值物资匮乏，收入也很紧张，陆坎花了 80 多元买了各色的糖果、糕点，用来招待前来庆贺的亲朋好友。周精玉同样花了 80 多元，购买了床单、被套以及一些必需的生活用品。"因为爱着你的爱，所以梦着你的梦，所以悲伤着你的悲伤，幸福着你的幸福。因为路过你的路，因为苦过你的苦，所以快乐着你的快乐，追逐着你的追逐。"他们经过了爱情的长跑，有情人终成眷属，一起组建了一个属于两人的温馨小家庭。愿这份感情一念永恒，地久天长。

不是一家人，不进一家门。陆坎和周精玉志同道合，有着一致的理想和追求，但他

陆坎与周精玉结婚照（1966 年摄于长春）

们的性格却形成了互补，就好像太极图一般，阴阳平衡，和谐共生。陆埂和历代的谦谦君子一样，有着温、良、恭、俭、让的良好品质。在待人接物上，他能做到"己所不欲，勿施于人"，从不把自己的意志强加于人，尊重他人的想法和选择；在日常生活中，他过着简朴的生活，"一粥一饭，当思来之不易；半丝半缕，恒念物力维艰"，不追求物质享受；在总结经验时，他能秉持"以责人之心责己，以恕己之心恕人"的态度，对人保持一颗宽

陆埂、周精玉在长春留影

容平和之心，不苛责别人，而是常常自我反思。在面对是非不明、纷繁复杂的局面时，他牢记"舌乃妄之源，口是祸之根""守口如瓶，防意如城""来说是非者，便是是非人"的古训，从不随意传话，也不随意发表议论，因此避免了不少麻烦。

妻子周精玉的性格与陆埂形成了鲜明的对比。她心直口快，嫉恶如仇，面对不公平的情况，敢于挺身而出，义正词严地进行驳斥，颇有"富贵不能淫，贫贱不能移，威武不能屈"的大丈夫气概。但当夫妻二人在一起生活过一段时间后，必然会互相影响，周精玉在处理一些非原则性的问题时，开始抱着"忍一时风平浪静，退一步海阔天空"的态度，只是偶尔显露"锋芒"。

两人结婚后并没有过太长时间的安稳日子，不久后生活就变得跌宕起伏，但他们在一起的每一个日夜都充满了温馨与快乐。那种怡然畅快的心境，可以用一首诗来概括："春有百花秋有月，夏有凉风冬有雪。若无闲事挂心头，便是人间好时节。"

冷暖两心知

　　陆埮、周精玉夫妇婚后的甜蜜生活还不到半年，一场史无前例的政治运动——"文化大革命"便向他们席卷而来。

　　那时，学生们响应"经风雨，见世面"这一口号，纷纷前往全国各地进行串联，互相交流"革命"经验。全国几乎所有的大中院校都停课了，偌大的校园空空如也。陆埮因为通过书信的形式和罗辽复、杨国琛两人进行业余科研，被打成了"资产阶级反动学术权威"，丧失了人身自由。他每天必须雷打不动地到办公室学习毛主席著作，写心得体会和检查材料，而且必须严格服从与配合，不能提要求、搞变通、打折扣，只能老老实实地接受群众的监督与批判。

　　长春防化学院几乎所有人都跑到全国各地进行串联了，但因为陆埮被认为思想存在着严重的问题，是重点批判对象，不允许参与。在此情境下，陆埮的心情无比沉重，在暴风骤雨般的批判之下，承受着巨大的压力。他每天都要在办公室进行思想政治学习，周精玉便每晚去陪着他，她也不说太多的话，只是默默地陪伴，在寒潮中为陆埮提供温暖。他们共处一室，无需多言，各自手持一本《毛主席语录》，认真地学习着。天地纵然宽广，两人已是世界。

　　"试玉要烧三日满，辨材须待七年期。"苦难的境遇就像一个大筛子，会毫不留情地淘汰那些意志薄弱、畏缩不前的人，只有内心坚定、顽强勇毅的人才能留到最后。政治运动不仅磨炼了陆埮，同时也考验了时刻陪伴着他的周精玉。在那个如秋风般肃杀的时代里，他们不仅一起感受了严酷，也共同体味了人性的温暖。陆埮当时被扣了一顶"资产阶级反动学术权威"的帽子，许多人对他避之唯恐不及，即便是在路上碰见了，也是冷眼相向，快步走过。有一次陆埮被叫到台上接受批判，人群中传来一个尖锐的声音，高喊着："陆埈没站好！""打倒死不悔改的资产阶级学术权威！"周精玉循声望去，清清楚楚地看到那个人竟然是和陆埈在同一个教学组的女教师。平时相处和睦融洽、互相了解、知根知底的同事，突然之间喊着莫须有的口号，成为批判自己的人，不免让人产生一种今夕何夕的感慨。他和周精玉常常在一起感叹人的复杂多变、趋利避害，真真切切地经历人情冷暖、世态炎凉的起伏波动。良言一句三冬暖，恶语伤人六月寒。当然，并不是所有人都对他们抱有偏见，许多人还是对他们的遭遇充满了同情，时常给他们道一句安慰，或者寒暄几句，这让他们感受到了春风般的温暖，使他们仍然相信人性的光辉与伟大，相信在这个世界上还是好人多，坏人少。

陆埈被"打倒"之后，不能随便活动，离开学校都需要先请示和汇报。为了及时了解批判的方向与动态，周精玉就每天去查看大字报，仔细研究大字报上的措辞和政策内容，以便做到心中有数，从容应对。一天晚上，周精玉碰到了防化学院院长欧阳嘉祥，便走上前去请他谈谈陆埈存在的主要问题。欧阳院长当即表示："陆埈的主要问题是红专关系处理得不好，这属于人民内部矛盾，大家写出大字报相互帮助，有缺点、错误，改正了就是好同志。"但令周精玉始料未及的是，第二天陆埈就被扣上了"资产阶级反动学术权威"的大帽子。周精玉感到十分不解，前一天她和欧阳院长的对话还言犹在耳，怎么突然之间就变了呢？她找到欧阳院长讨要说法，询问为何一夜之间矛盾的性质会发生这么大的变化。人民内部矛盾怎么转眼之间就变成了资产阶级反动学术权威？欧阳院长似乎有难言之隐，只是含糊地告诉她不要管陆埈的事，相关的问题最后总会得到解决。

天有不测风云，人有旦夕祸福。谁曾想第二天欧阳院长自己也被造反派打成了黑帮头子、走资本主义道路的当权派。院长头戴尖尖的高帽子，胸前挂着写着"罪名"的大黑牌，被学生驱赶着游街示众。周精玉静下心来仔细想了想，她当时因为替陆埈讨要说法心切，不免对欧阳院长表达了不满之意，而实际上欧阳院长自己也是朝不保夕，处境岌岌可危，有些话也就不便和盘托出。无论是她和陆垲，还是欧阳院长，都身处于时代的大潮之中，身处其中，参与其事，里面的是非曲直、恩恩怨怨，又有何人能讲得清、道得明呢？

从那以后，周精玉再也没有见到过欧阳嘉祥院长。复员到南京后，岁月如梭，转眼已是多年。某日，周精玉的同事从北京出差回来后带来了欧阳院长的消息，并告知周精玉：欧阳院长仍然记得她，还特意问了她的近况。那是周精玉第一次也是唯一一次与院长争辩，不想却成了长久的遗憾。后来周精玉希望能登门向院长道歉，请院长原谅自己当时的口无遮拦和无知任性，却因为院长已经魂归道山而作罢。她也由此汲取了教训：做事情要三思而后行，不能鲁莽。在下判断之前，要考虑到事情的前因后果，不能只凭借自己的主观判断。事物的现象往往具有迷惑性，使人产生错觉，应该要透过现象看本质，而不能因一时冲动，造成不可弥补的过失。

"没有风雨躲得过，没有坎坷不必走。"陆垲和周精玉在政治运动中共同经历的一切，如人饮水，冷暖自知。这段历程，让他们深切感受到世道的艰险、人情的反复，体会到历史的迷雾与时代的波涛。与此同时，人性的光辉与信任的温暖也熠熠生辉。这是一笔只属于他们二人的独特人生财富。

疾风知劲草，患难见真情。真挚和坚定的爱情往往都需经过无数的考验，两人相濡以沫，共克时艰，一起度过寒暑，一起走过春夏，一起迎来日出，一起送走晚霞，百转千回，此志不渝，此心不改。不经过一番彻骨的严寒，爱情的花朵也不会那么芬芳，这种境界绝非那些庸俗化、物质化的"摘桃者"可以理解和做到的。

白首不分离

"往古渺来今，一双一檐居。愿闻白头法，夏雨更秋菊。"陆垲和周精玉在年轻的时候互相托付终身，得此一心之人，白首不愿分离。他们在"文化大革命"前夕结婚，在动乱的岁月里，互相鼓励、互相帮助、互相依偎，不惧狂风骤雨般的批判，不惧不实之词的诬陷，不惧众人的冷漠与白眼。他们彼此理解，相信人性的纯良和正道的沧桑，默默坚守，不卑不亢。

他们的三个孩子在"文化大革命"期间相继出生，当时的条件十分艰苦，不仅要面对物质上的短缺，还要面对精神上的巨大压力。"哀哀父母，生我劬劳。"他们体会到了为人父、为人母的喜悦与骄傲，对温馨的家庭有了新的理解。但作为双职工家庭，陆埮和周精玉都有自己的工作。他们不在家时，孩子声嘶力竭的哭声、因缺乏营养导致的发育不良、孩子生病时的焦虑与自责，这些都曾让他们心神不安，彻夜难眠。他们觉得对孩子有所亏欠，这种心理持续了很长一段时间。

结婚后，周精玉对陆埮的事业给予了全面的支持。无论是陆埮最开始的业余科研，还是后来全身心地投入专职科研工作，以及到全国各地参加学术会议、做学术报告、致力于科学普及工作等，周精玉都尽职尽责地扮演着"后勤保障部长"的角色。为了给陆埮营造一个良好的科研环境，避免不必要的时间浪费，使陆埮能专心致志地工作，周精玉承担了大部分家务劳动，把住所打造成一个井然有序、宁静致远的好地方。人的精力和时间是有限的，难免会顾此失彼，周精玉自己搞化学研究的时间不可避免地受到了影响，很多具有价值的想法和灵感也未能得到验证，但她从整个家庭着眼，无怨无悔。

"知音尽忘言，蝶恋舞花间。携汝平生意，沧桑不老天。"陆埮和周精玉可谓是一对知音夫妻，但他们的性格却大为不同，正好形成互补，构建出一个和谐的局面。陆埮言语不多，谨遵"静坐常思己过，闲谈莫论人非"的古训，待人如春风般温暖，行为却如秋天般静肃。周精玉则快人快语，见到不平之事，总要大声疾呼，要分出个是非对错。在漫长的人生旅途中，他们都取对方性格之长来补自身性格之短，最终都成为不激不随、不卑不亢的谦谦君子。

陆埮到全国各地参加学术会议时，周精玉很多时候都会陪同前往。他们一起欣赏沿途的风景，饱览祖国的大好河山，体验各地的民风民情。"顾见双蘖叶，滋茂永不离。"不论何时何地，他们相濡以沫，携手共进。

陆埮去世后，周精玉深情地说："我与陆埮生活在一起的岁月是我生活中最宝贵的年华。他一直活在我心里。他是我的精神支柱，无论过去、现在和未来。"

同尝酸苦甜

1966年除夕，陆埮与周精玉喜结连理，不久后他们就有了两个儿子和一个女儿——轻锂、轻铀、轻铱。陆埮出身于原子核物理专业，给孩子们取这样特别的名字，他有着自己的考虑。在锂、铀、铱这些化学元素前面加上一个"轻"字，意在表示这些元素的轻同位素——它们与一般的元素相比，中子数更少，质量数更小，而这些轻同位素都能够产生巨大的物理效应。陆埮希望孩子们能够像这些轻同位素一样，举重若轻，内部蕴含着强大的能量，未来能够一飞冲天，大展鸿鹄之志。积善之家，必有余庆。陆埮对孩子们的期盼，后来都成为现实。长子陆轻锂经营着两家科技公司；次子陆轻铀获得美国得克萨斯大学奥斯汀分校凝聚态物理学博士学位，现任中国科学技术大学微尺度物质科学国家研究中心教授、讲席教授，兼任中国科学院合肥物质科学研究院强磁场科学中心研究员；女儿陆轻铱则主攻化学，为推动我国纳米科技的发展做出了重要贡献，现为南京大学化学化工学院教授、博士生导师。

1967年2月，长子陆轻锂在长春中国人民解放军第208医院呱呱坠地，出生的时候只有五斤半，分外瘦弱。当时陆埮一家经济拮据，买不起营养品，只能用一些谷物作为替代品。陆埈每天起早贪黑，一边要接受改造，从事繁重的体力劳动，一边还要照顾坐月子的妻子和刚出生的孩子，没有一丝的空闲，非常辛苦。周精玉产假结束后开始上班。但因为这时候孩子实在太小，还不能送到幼儿园托管，家庭的经济情况又不允许请人照顾，只能把轻锂放在家中的大床上，锁好门窗便去上班。有时听到孩子撕心裂肺的哭声，实在不忍心，夫妻二人便把孩子托给好心的邻居老奶奶代为照顾。1969年3月，次子陆轻铀出生了。轻铀来到这个世界也是饱经磨难，刚出生时洗澡，耳朵里不慎被灌入脏水，患上了中耳炎，需要每天注射青霉素治疗。周精玉不管风吹雨打，每天坚持乘公共汽车去医院给孩子喂奶，直到好心的医生给她腾出一个床铺让她休息，她才避免了终日奔波。1972年11月，小女儿陆轻铱出生了。那时陆埈和周精玉已经复员到了南京，住在一间破旧的临街小屋子里。南京的冬天湿冷刺骨，北风终日呼啸不已，室内的温度常在零摄氏度以下。刚刚出生的轻铱眼看就要熬不过这个寒冬了，幸亏得到了同事的帮忙，借给陆埈一些蜂窝煤，陆埈一家才免受严寒带来的苦楚。

　　三个孩子都出生在"文革"期间，此时正是陆埈遭受批判，人身自由受

三位子女合照 左起陆轻锂、陆轻铱、陆轻铀

到极大限制，工资得不到按时足额发放的时期。家里劳动力缺乏，又没有足够的经济实力请人帮忙照看孩子，生活的各个方面都十分艰难。陆埈和周精玉在那样艰苦的环境下，仍然自强不息，尽一切可能创造条件来解决困难，不向困难低头，最终得以拨开云雾见月明。

正义会迟到，但绝不会缺席。1968 年，经审查，"文化大革命"中对陆埈的批判，都系捕风捉影、子虚乌有，陆埈得到了平反。那些他违心写出来的交代材料，以及其他所有的不实证据，当着陆埈的面，都被烧毁掉了。陆埈和周精玉终于熬过了这段是非颠倒的沉重岁月，回到了办公室工作，恢复了自由。

人逢喜事精神爽。被批准了二十天假期的陆埈决定首先和妻子一起去探望双方的父母，弥补一直以来未能尽到的孝心。他们先到陆埈南京的家中探望父母，一家人久别重逢，有着说不完的话语、道不完的情愫。之后他们一起到湖南省石门县探望周精玉的父母。相较于南京这样的大城市，石门地处偏僻，交通很不便利。当时虽然也修了一些公路，但都十分狭窄，公路的总里程也有限。周精玉的家没有通公路，到了石门县城后，他们还要跋山涉水，走 70 多里 [1] 的山路才能到周精玉的家。李白在《蜀道难》中，描绘了道路的艰难："上有六龙回日之高标，下有冲波逆折之回川。黄鹤之飞尚不得过，猿猱欲度愁攀援。青泥何盘盘，百步九折萦岩峦。扪参历井仰胁息，以手抚膺坐长叹。问君西游何时还？畏途巉岩不可攀。"这些文字极其传神地刻画出了道路的艰险。陆埈和周精玉走的山间羊肠小道也是荆棘丛生，加上天气阴晴不定，经常下点小雨，道路也就更加泥泞不堪。此时，周精玉已经十多年没有回过家了，她也是凭着记忆，摸索寻找回家的路。走了整整一天的山路，他们终于在天黑之前到达了目的地。尽管满身泥泞，脚上也磨出了不少血疱，但当他们感受到亲人无微不至的关怀和嘘寒问暖时，内心深处涌起一股暖流，既甜蜜又温暖，旅途的辛苦与疲劳瞬间烟消云散。"聚散苦

1　1 里为 0.5 千米。

匆匆，此恨无穷。"假期有限，情意却浓，纵然有千般不舍、万般留恋，陆埈和周精玉也只能和亲人们约定好下一次相见的日期，与他们告别。相送十余里，长亭更短亭。探亲结束后，陆埈心疼地对妻子说："你回家一次太难，路途遥远特别辛苦。等到石门县建好了机场，汽车通车到苏市你读小学的地点，我再跟随你一同回来。"言辞恳切，情意绵绵。

在"文化大革命"这场史无前例的巨大浩劫中，无数人的生活都发生了翻天覆地的变化，他们被"革命"的洪流所裹挟，且行且叹，身不由己。和许多文化名人、知识分子的悲惨遭遇以及漫长的平反过程相比，陆埈其实是幸运的，他在"文革"末期就得到了平反，有了参加工作、从事科研的机会，也才有了后来所发生、经历和拥有的一切。如烟往事俱忘却，心底无私天地宽。这段刻骨铭心的经历，陆埈再回想时总是云淡风轻，从不抱怨。他不想被过去束缚住手脚，只想珍惜现在，创造美好的未来。

第二章 经霜松柏有本性

霜雪不眠夜

"知我者谓我心忧，不知我者谓我何求。"长春的冬天，大雪纷飞，天寒地冻。身处政治运动中的陆埈，正经历着人生的风雪岁月。寒流侵袭，令人瑟瑟发抖。在这样的气候与心境下，陆埈度过了一个又一个无眠之夜。

陆埈的本职工作是教学生原子核物理这门课程，一直以来教学效果都很好，教学成绩突出，受到了同事和学生们的广泛赞誉。然而，"此一时，彼一时也。"他也因此被视为"走白专道路"[1]的典型。在"革命"的火红年代，人们的思维方式不是我们现在所能理解的。那时候强调搞学问的人要又红又专，既要突出政治，又要专业技能精湛，突出政治更是被摆在了首位。陆埈因为担任了繁重的教学工作，导致政治学习的时间较少，因此遭到了批判。当时的结论是他不突出政治，只醉心于专业技术。陆埈平时还充分利用一切时间进行业余科研活动，不为名不为利，艰苦卓绝，日复一日。他的这种珍惜时间、志存高远的行为本应受到表扬，但在当时的环境下，他被污蔑为个人主义泛滥，只关心自己的一亩三分地，不关心国家大事，最后还被戴上一顶"资产阶级学术权威"的帽子。奇怪的逻辑对人才起了一种逆淘汰的作用，彼时的陆埈只觉"黑云压城城欲摧"，承受着巨大的压力。

1966 年 9 月，中央发布了通知，支持全国各地的学生到北京交流革命

---

[1] 在 20 世纪五六十年代的中国，"走白专道路"常被用来批判那些只重视专业技能提升而忽视政治立场和政治觉悟的知识分子。

经验。学生们纷纷响应，踏上征程，投身到那场轰轰烈烈的革命大串联中去。这一号召迅速在全国范围内引起了强烈反响。昔日红红火火、热热闹闹的校园，如今只剩下一片孤寂，冷清不堪。看着寂寥的校园、空无一人的教室，落满灰尘的各类读物和教材，陆埈感到十分忧心。他知道青年是国家未来的希望，青年强则国强，青年进步则国家进步。青年如果不抓紧时间努力学习，造成的后果是不可弥补的，甚至会使国家的人才出现断层。他记得毛主席曾对广大青年说过："世界是你们的，也是我们的，但是归根结底是你们的。你们青年人朝气蓬勃，正在兴旺时期，好像早晨八九点钟的太阳，希望寄托在你们身上。"对啊！青年是希望，青年是太阳，他们得不到良好的教育，不仅是个人的损失，更是国家和民族的损失。陆埈真希望他的学生赶快回到学校里上课，大家一起讨论、交流、学习，书声琅琅，济济一堂，可是现在却做不到，他只能扼腕长叹。"欲将心事付瑶琴，知音少，弦断有谁听？"在当时的背景下，他的这些想法只能默默地藏在心里，除了偶尔和妻子周精玉谈上几句，面对其他人都是缄口不言。

"唯此独立之精神，自由之思想，历千万祀，与天壤而同久，共三光而永光。"陆埈是一个纯粹的读书人，也是一个志于道的士人，他认为作为一个知识分子，就应该具有独立的精神品格和自由的学术思想。他对任何事情都有自己的判断，从来不人云亦云，随波逐流。在那个特殊的年代里，他在无数个夜晚辗转反侧，难以入睡，思考着国家的前途与命运，担忧着学生的现状与将来。

当时的校园里流传着一首散文诗：

校园的小路多寂寥，
寒雨拂面冷，
残叶挂树梢。
走过战壕，

哦，亲爱的朋友，

让我好一番找。

还要蛰伏多久？

你们笑着，

只今宵，只今宵，

这里的黎明静悄悄。

隆冬的清霜世界，

怎也似暴风雨要来到。

俯身轻问画眉鸟，

伊却道，

待明朝，待明朝。

诗中那寂寥清静的校园，是当时的真实写照。无数的师生心中感到困惑，不知道还要等待多久，也许是明天，也许很久远。

伏案亦怀忧

"风声雨声读书声，声声入耳；家事国事天下事，事事关心。"在"文革"期间，陆埮承受着前所未有的压力，但他没有向困难屈服，而是化压力为动力，把握住一切可以利用的机会，向着心中的既定目标前进，步子虽然很小，可是从未停歇。他始终坚信，道路是曲折的，但前途是光明的，不正常的局面只是暂时的，整个国家和社会最终会归于平静。

在那段时间里，一般的工作人员每天只需要上8小时的班，周末也可以休息一天。但上级领导认为，陆埮要好好地改造一下，而劳动可以净化人的灵魂，所以规定陆埮每天工作10小时，周末的休息也被取消了。

"牢骚太盛防肠断,风物长宜放眼量。"陆埮对此安排没有一丝抱怨,只是默默耕耘,持久努力。在忙碌了一天,拖着疲惫的身躯回到家之后,陆埮会抓紧时间吃点东西,补充一下体力,洗把冷水脸,提提神,就立即开始翻阅书籍文献,查找研究资料,争分夺秒地进行演算推理。陆埮在当时从事业余科研是冒着很大风险的,得不到学院和领导的任何支持,如果被发现,甚至可能"罪加一等",被认为思想顽固,改造不够彻底。很多人做事情都秉持着"天下熙熙皆为利来,天下攘攘皆为利往"的态度,所谓无利不起早,有利冲第一。陆埮的行为在当时是不可能给他带来任何利益的,有的只能是随时可能被揭发而遭到批判的风险。但他下定了决心,排除万难,"愿以深心奉尘刹,不予自身求利益",他认定的道路就会一直走下去,无论风雨还是天晴。

陆埮为了有更多时间能够从事业余科研,在结束一天繁重的劳动后,在昏暗的灯光下工作到深夜,有时因为过于专注,远处传来一声声的鸡鸣,他才缓过神来,揉一揉自己惺忪的睡眼,稍作休息后又开始了新的一天。在他看来,古人所推崇的那种"三更灯火五更鸡,正是男儿读书时"的勤学品格,不过就是自己的日常罢了。陆埮向来习惯在晚上吃一点夜宵,补充体力,因为长时间的脑力劳动会消耗大量的能量,使人产生饥饿感,注意力不能得到有效的集中。但他当时的生活十分拮据,工资不高,花钱的地方又多,没有那么多钱来负担每天的夜宵,就只好不吃了。在精神和体力的双重巨大消耗下,陆埮当时消瘦了很多,已经达到一种"衣带渐宽终不悔,为伊消得人憔悴"的境界。

知识文化受到轻视,理论构建被认为可有可无,社会极度推崇经验与体力劳动,在这些不利因素的包围中,陆埮依然坚守着心中的那份执念。他不认同那些"四体不勤,五谷不分"、毫无现实关怀的读书人,觉得体力劳动和脑力劳动相结合是最好的方式。体力劳动可以使体魄得到锻炼,有很好的精力来从容地应对各种事情,毕竟身体才是革命最大的本钱。而脑力劳动可以使自己的认知得到提高，思想取得进步，工艺得到完善，既提高了生产的效率，又丰富了人的涵养。两者互相促进，相辅相成，不可偏废。面对悠悠众口对脑力劳动的讨伐，陆埈对此是不以为然的。一个没有先进理论的民族，不可能是一个强大的民族。陆埈每日忘我地工作学习，就是为了不空耗时日，暗暗地积蓄力量，一切精神、一切苦所转化来的知识，总有一天会用到的。

孟子有云："故天将降大任于是人也，必先苦其心志，劳其筋骨，饿其体肤，空乏其身，行拂乱其所为，所以动心忍性，曾益其所不能。"陆埈伏在堆满书籍资料的案前，不顾饥寒，奋笔疾书。虽然世事无常，但他内心却澄澈无比，他时而放下笔，望着窗外的黑夜，眼神中充满了忧虑。

疾风知劲草

"疾风知劲草，板荡识诚臣。勇夫安识义，智者必怀仁。"承平时期，大家的生活按部就班，只有在沧海横流、风雨如晦的岁月中，方见英雄本色。

1966 年 10 月，长春已是寒冷无比。为了响应中央下达的"劳动锻炼、改造思想"的指令，领导通知陆埈负责"烧锅炉"。每天凌晨 5 点，他需要确保西大营家属宿舍区的暖气供应正常，各家各户都能用上暖气。为了保证每天任务的顺利完成，陆埈每天凌晨 3 点就要起床，独自赶赴锅炉房工作。每天的工作都是程式化的，他先要把露天堆放的煤炭搬到锅炉房内，为了保证煤炭够用，往往需要来回搬运二三十趟。接着，他就开始生火，不停地用铲子把煤炭往锅炉里送，让炉膛里面的烈火一直熊熊燃烧，保证暖气得到源源不断地供应。最后他用铁钩把炉膛里面燃烧剩下的残渣钩出来，用铲子装到小推车上，推到固定地点倾倒，周而复始。锅炉房外天寒地冻，滴水成冰，陆埈却累得挥汗如雨，气喘吁吁。当这一切都完成之后，天空才微微发白，月亮也还没有落下，许多人还在甜美的梦乡之中。陆埃这时候才稍获喘息的机会，有时间去吃早饭，补充过度消耗的体力。除了凌晨独自一人在锅炉房烧煤，为整片家属区提供暖气外，为了保证所有的宿舍楼能够得到全天候的热量供给，陆埃在晚饭后还要给锅炉加一次煤，这又会消耗不少时间。

这种辛苦煎熬的日子一直持续到了次年 3 月底天气转暖，而在这期间，每天白天他还需要参加各种各样的思想政治学习，写交代材料，还有应付突如其来的批判大会，一样都不会落下。在这半年里，陆埃的睡眠时间严重不足，饮食营养又跟不上。繁重的体力劳动加上巨大的精神压力，使得向来身体羸弱的陆埃身体各项机能急速下降，瘦得前胸贴后背，体重仅 50 千克左右。但在面对以上的种种遭遇的时候，陆埃从不怨天尤人，总是能够泰然处之。他以"暮色苍茫看劲松，乱云飞渡仍从容"的从容不迫，以"百人誉之不加密，百人毁之不加疏"的自我坚持，以"人生如逆旅，我亦是行人"的广阔胸襟，坦然面对痛苦和考验。他的经历告诉我们：没有人的一生能一帆风顺，总会遭受这样那样的曲折与不公。"那些杀不死我的，终将使我更强大。"化璞为瑜，百炼成钢。

寒冬远去，春风吹来。艰苦的日子虽然漫长，但时间的车轮依旧在滚滚向前，转眼便到了 1967 年 3 月底。初春时节，冰雪融化，万物复苏，一片生机勃勃的景象。陆埃烧锅炉的工作总算完成了，却又听说上级部门要派他去养马。陆埃出生在南方，很少见到高头大马，更不要说怎么去养马了，完全是个门外汉。如果派他去养马的话，就真的是赶鸭子上架了。况且当时陆埃还正在遭受批判，被认为存在政治上的问题。假如他去养马，把马喂瘦、喂病了，那就可能被戴上一顶"死不悔改的顽固派"的帽子，罪加一等，难以翻身。鉴于以上这些情况，陆埃的妻子周精玉急中生智，找到了一位军事教研室的教员，向他详细地说明了陆埃的现实处境和深层担忧，恳请他帮忙协调一下，看能不能给陆埃换一个工作。这位教员为人正直，好打抱不平，在大家心目中的威信很高。幸得这位教员的斡旋，陆埃于 4 月初被改派到木工房工作，开始拜师学艺，学习打造家具和门窗。

花开花落寻常事，未必皆因一夜风。从 1967 年 4 月至 1968 年 1 月，陆埈每天都去木工房上班，跟随一位姓任的木工老师傅一同工作，负责检查、安装、修理全部教学区域和宿舍区域的木工构件和木质门窗。陆埈对任师傅十分尊重，认为他勤劳善良、心灵手巧，把中国人民质朴诚恳、与人为善的优良品质演绎得淋漓尽致。任师傅也以真心待陆埈，和他平等地相处，从不因为他的政治问题而歧视他、不理他。陆埈有什么技术上的问题，任师傅也总是毫无保留地倾囊相授，耐心地给陆埈讲解技术关键和注意事项，直到陆埈心领神会、技艺渐精。他们二人相处融洽，坦诚相待，亦师亦友。1969年 7 月，陆埈买了一辆自行车，任师傅亲自为其打了两个木头座位，安装在自行车上，既舒适又安全。这样陆埈在接送孩子的时候，就可以把两个孩子放在座位上，非常方便。后来陆埈和周精玉搬去了南京，和任师傅的联系就少了，但那两个木头座位一直保存在家里，伴随着他们的三个孩子长大成人。每当他们看到那两个座位，思绪就情不自禁地飘回过去，想起任师傅，想起那段特殊的岁月，刻骨铭心，难以忘怀。

风云变幻今已惯，霜露人生几多年。在那个特殊的年代，陆埈饱经风云变幻、霜露侵袭，其间有些东西改变了方向，有些东西归于湮灭，有些东西生长壮大，有些东西原地徘徊，但陆埈对科研和学问的态度、看法、初心始终不变。那些繁重的劳动不仅锤炼了陆埈的筋骨，磨练了他的意志，更坚定了他的信念。那时，有很多从事科学研究的人和文化工作者都放弃了本业，改行做其他事情去了，原来的深厚积累都被弃之脑后。等到后来他们幡然醒悟，想要重新干回老本行，却发现那些知识和积累已难以找回，甚至永远失去了。多少人才因此被埋没？多少光阴因此被浪费？多少痛苦因此而滋生？今日想来，令人唏嘘不已。陆埈择一事，事一生，认定的东西就勇敢地追求，矢志不渝，一以贯之，不曾辜负每一天。

国家不幸诗家幸，赋到沧桑句便工。顺境固然能给人提供很好的发展条件，但顺境可遇而不可求。古往今来，每个人或多或少都会遭遇逆境，有些人选择迎难而上，有些人选择知难而退，有些人选择自暴自弃，有些人选择奋发图强，逆境成了一块毅力与勇气的试金石。如何面对人生的逆境？司马迁曾在《史记·太史公自序》中给予我们启示：

　　"盖文王拘而演《周易》；仲尼厄而作《春秋》；屈原放逐，乃赋《离骚》；左丘失明，厥有《国语》；孙子膑脚，《兵法》修列；不韦迁蜀，世传《吕览》；韩非囚秦，《说难》《孤愤》；《诗》三百篇，大抵圣贤发愤之所为作也。"

　　对于处于逆境中的人来说，既然无法改变自己现在的处境，就要学会去适应，积极地积蓄自己的力量，像古圣先贤一样"发愤之所为作"，克服万难，有所作为。待到有朝一日，时过境迁，自己没有荒废时日，经过长期的沉淀，已是羽翼丰满，可以一飞冲天，做出惊人之举，建立不朽之功。古人俱往矣，陆埈就是今人的好榜样。

默守待曙时

　　北宋理学家周敦颐在其传世名篇《爱莲说》中列举了三种花，并将它们人格化。牡丹是花中的富贵者，雍容华贵，象征着高档生活品位。菊花是花中的隐逸者，清白自持，不问世事，远离人间烟火与繁杂俗务。莲是花中的君子，其最为人称道的品质便是"出淤泥而不染，濯清涟而不妖"，意味着在污浊的环境中仍能坚守自己的清高，不与邪佞之徒同流合污。在顺境中，它依然保持那份质朴与纯粹，不因身处佳境而沾沾自喜、狂妄自大。然而，周敦颐也不免感叹道："菊之爱，陶后鲜有闻；莲之爱，同予者何人？牡丹之爱，宜乎众矣。"人，作为一切社会关系的总和，无法完全脱离社会而存在。虽然有人选择到名山大川间隐居，但可能难以摆脱失群的落寞感。而做一个真正的君子，必须有很高的道德修养、丰富的知识储备以及杰出的执行能力。

至于具体的要求，两千多年前的大成至圣先师孔子已经给我们明确的指导："君子坦荡荡，小人长戚戚。""君子和而不同，小人同而不和。""君子泰而不骄，小人骄而不泰。""君子成人之美，不成人之恶。""君子固穷，小人穷斯滥矣。"君子人格就是社会的道德标杆，是大家的榜样。显然，君子是不容易做的。对内要修身养性，正意诚心；对外要齐家治国，兼济天下。追求财富和名声便是大多数人现实的选择了。

陆埃选择了成为一朵君子莲，既不做消极避世的菊花，也不做追名逐利的牡丹。陆埃在遭受磨难与挫折的困难岁月里，不为穷变节，不为险易志，始终坚守最初的信仰，在大风大浪的考验中奋勇搏击，在暴风骤雨的冲击下坚定前行。"穷且益坚，不坠青云之志。"时代的潮流无法改变，但也不随波逐流。逆流而上，纵洒血与泪，问心可无愧。陆埃的品格修为就是他面对一切困难时的底气与硬实力。自己登上最高峰，方可"不畏浮云遮望眼"。

"不识庐山真面目，只缘身在此山中。"陆埃身处运动的漩涡之中，挣扎反复。最开始的时候，他面对突如其来的变故，自然也会很不理解，充满疑惑，不知道如何下判断，也不知道该选一条什么样的道路。此时，陆埃仍然能够不为外界的风波所动，心若磐石，不可转移，敢于坚守本心。纵使暂时看不清事物的本质，领会不了变动的深意，也可以慢慢摸索、逐渐领悟，而不迫于压力而改弦更张。放弃了初心，就放弃了所有。

我们提倡要透过事物的现象看本质。主观上，这需要我们拥有敏锐的洞察力和思维的穿透力；客观上，则要求迷雾不要太浓密，使我们能一层一层地拨开，而不是面对密不透风、铁板一块的局面。只有当主客观条件基本达到，我们对事物本质的认识才能取得飞跃，但世间不如意之事十之八九，完整且适宜的条件很难达到。这时，我们便深陷表象的沼泽之中，越挣扎，陷得越深。唯有积蓄力量，完善自我，努力思考，以不变应万变，才是唯一出路。陆埮在"浮云遮望眼"的时候就是这样做的。暂时理解不了现实的处境，没关系，就把疑惑藏在心底，关键是不能对自己以前的人生道路产生动摇，否则便会陷入一种虚无之中。他在无比艰难的处境下，仍坚持业余科研，将之视为理想之所托、性命之所寄。实干和思考可以铸成一把利剑，可以用其劈开现实的迷雾，拨云见日，看到事物的本来面目。陆埮守此善道，纵死不变，给那些高呼"时乎！时乎！不可再得"的投机分子上了生动且震撼的一课。

流萤尚怀光辉意，孤灯微火照三更。陆埮深夜里埋首科研时，窗前的那盏明灯就像黑夜中的一只萤火虫，不顾自身的微弱之躯，依然发光发热。陆埮默默守候，等待着曙光到来，恰如顾城的诗《一代人》中所言："黑夜给了我黑色的眼睛，我却用它寻找光明。"

第三章 工作科研二得兼

复员金陵城

1969 年 8 月，长春防化学院由于某些原因被迫解散，重新成立了一所防化学校，办学规模大幅度缩小。教师的岗位编制只保留 100 个左右，这就意味着原来的近 700 名老师中有 600 名左右将复员或转业到地方，为地方的生产建设做贡献。陆垵和周精玉也在复员人员之列，当时提供给他们的选择很多，陆垵考虑到他的父亲刚刚去世，母亲还住在南京，为了方便照顾母亲，陆垵和周精玉脱下军装，离开了长春防化学院，复员[1]至南京电讯仪器厂工作。

1969 年 9 月 12 日，陆垵和周精玉开始到新的单位上班。陆垵因为比较熟悉各种仪器的组装，成为一名装配工人。周精玉则在车间分选不同放大倍数的三极管、调试单板和整机。1970 年 1 月，陆垵被重新安排到技术情报室担任资料管理员，负责收集国内外的仪器生产动态、了解工业生产的需求方向、调研产品在国内外市场的竞争情况，以及管理生产技术资料。

科学技术的发展日新月异，对相关检测仪器的质量也提出了更高的要求。企业想要在市场中站稳脚跟，保持相当的竞争力，就必须推陈出新，不断地改进、更新换代自己的产品。当时的南京电讯仪器厂的产品与国际先进

1　陆垵的复员军人身份问题在后续得到了关注。1979 年 3 月，根据当时对于军人的相关政策规定，原长春防化学院领导特此派人前往陆垵工作的南京大学，经过核实审查，将其身份由复员军人改为转业军人。

水平存在显著差距，亟待技术升级。"兵马未动，粮草先行。"要提高产品的性能，首先需要有扎实的理论储备，只有在理论上论证通过后，才能投入实际生产。陆埮是厂里少有的高级知识分子，又精通外语，能够阅读外国的文献，因此被调入了技术情报室，相当于承担了一部分理论探究和技术研发工作。厂里订阅的仪器技术方面的外文杂志有20多种，每一种陆埮都会仔细阅读，然后做出中文摘要，并将摘要进行分类，放入相应的资料袋中，作为科研参考资料。当时的技术情报室只有两个人，除了陆埮，另一个是杭州大学英语系毕业的大学生，所有的外文资料都需要他们两个人阅读，然后翻译。陆埮因为精通英语，而且还具有相关学科的背景知识，对资料里面涉及的专业术语比较熟悉，翻译起来更加得心应手一些，因此承担了更大的压力和责任。后来，周精玉也被调到工厂培训部去给一批刚刚毕业参加工作的高中生讲授高等数学、普通物理、工程物理、电路基础等课程，成为一名培训技师。

陆埮在南京电讯仪器厂工作

陆埮一家初抵南京，人生地不熟。南京电讯仪器厂为了解决陆埮夫妇的住宿问题，给他们分配了一间简陋的小屋，作为他们遮风避雨的临时港湾。小屋正对一条未经水泥硬化的大马路，平时人来人往，车水马龙，喧闹不已。在干燥的时节，久旱无雨的情况下，遇到车辆驶过，便会"大风起兮尘飞扬"，污浊的空气几乎令人难以呼吸。每天清扫房屋，都能扫出一大堆灰尘。如果遇到下雨天，马路就会变得泥泞不堪，污水横流，同时夹杂着臭烘烘的气味，让人唯恐避之不及。

小屋除了朝向马路的那一面开有窗户，其他三面都是和别人家共用墙壁，采光和通风条件很差。外面即便是艳阳高照，小屋里面也是昏暗不清，白天也需要点灯才行。到了南方的梅雨季，小屋更是阴暗潮湿、空气污浊，简直成了滋生微生物的温床。家里的桌椅板凳、书籍杂志、衣服鞋帽都会被附上一层霉菌，擦掉之后，过两天又会长出来，可谓是"野火烧不尽，春风吹又生"。

简陋的小屋里也没有厨房，陆埮就用了一些砖瓦在临街的角落搭了一个灶台，每天用蜂窝煤烧火做饭。公共厕所离小屋也很远，陆埮就每天清早起来去倒痰盂。由于没有自来水，用水不方便，陆埮便买了一个大缸回来，用来储水。每天夜深人静的时候他会把水缸挑满，这样可以保证整个家庭一天的用水量。平日里家里的电线线路坏了，或者是日光灯不亮了，陆埮总是亲自出马，到五金杂货店去买回相关的材料，自己动手维修更换。家里的门窗或木质家具出了问题，陆埮更是拿出当年做木工时学到的手艺，将其修复一新。"平常何必计较多，毁誉顺逆影婆娑。"陆埮夫妇对这艰苦的生活毫不计较，而是将其视为人生一段不平凡的经历，尝过苦难，方知幸福。

当时的南京电讯仪器厂不仅生产频率计和测量时间的各种仪器，还和军方有合作，承担了很多军工任务，为一些国防科研项目提供配套的设备。由于全国性的军事院校调整与改设，仪器厂的职工队伍中增添了一批复员军人。他们不仅带来了一些军事科研技术，更给仪器厂注入了一种军人的气质，使生产秩序井然，效率稳步提高，计划令行禁止，人际关系融洽。同时，工厂还招进了一批高中毕业的学生，让他们跟着这批复员的技术人员学习，建立师徒关系，充分发挥了有经验的技术人员"传帮带"的作用。工厂的领导层还深入基层，实地考察生产一线，及时总结经验和提出改进方法。产品质量受到高度重视，从设计、生产、检验到包装，每一道工序都受到严格管理。当时的南京电讯仪器厂是一座充满生机活力、具有广阔市场前景、拥有光明未来的现代化工厂。虽然这里不是专业的科研单位，但陆埮夫妇被分配到这里，也可以说是得其所哉！

　　陆埮告别了长春，被分配到南京，从北到南，跨越几千里。南京不仅是一座历史文化悠久的古都，还是江苏省的省会，是区域性的政治、经济、文化中心。陆埮在南京，可以更好地照顾母亲，尽好自己的一片孝心，更可以利用这个平台，结识更多志同道合的人，遇到更多人生的宝贵机遇。一个人要取得成功，一般都要具备天时、地利、人和三个要素，三者相互协调、相互促进。"人生何必限南北，此心安处即故乡。"陆埮不仅得地利之便，更可求得此心的安宁，一举两得，着实幸运。

得暇便科研

　　"而世之奇伟、瑰怪、非常之观，常在于险远，而人之所罕至焉，故非有志者不能至也。"壮丽奇美的风景，往往都藏匿于险要的地方，只有那些立下志向、顽强攀登的人，才能一睹这人世间的绝美风光。陆埮复员到南京之后，仍然坚持从事业余通信科研，贯彻始终，从未间断。陆埮的住所十分狭小，他还是克服困难，用木板和书箱搭起一个写字台，作为他下班回家后搞业余科研的地方。虽然简陋至极，但总归聊胜于无。南京是中国的著名"火炉"城市之一，夏天奇热无比。这时，小屋就像一个蒸笼，极其闷热潮湿，既无电扇又无空调，只要进去待一会儿，便汗如雨下。陆埮伏在写字台上，一只手拿着摇扇，尽量多扇儿分清凉，一只手拿着笔进行演算推理，手下面垫着厚厚的毛巾。一般不到 2 小时，毛巾就会被汗水浸透，需要拧干后更换一次。到了冬天，湿冷严寒，北风如刀，卷地百草皆折。屋内滴水成冰，手脚都会被冻麻木。陆埮坐在座位上专心科研，很长时间都不会动身，手脚都被冻出了冻疮，"天大寒，砚冰坚，手指不可屈伸，弗之怠。"夫妻俩每月的工资加起来有一百零五元六角，既要用来维持家庭的基本开支，又要孝敬父母，抚养儿女。他们成了那个年代的"月光族"，有时甚至入不敷出，生活十分拮据。而陆埮在搞科研的过程中，需要进行学术交流时，都是通过书信往来。频繁的学术交流使得邮寄费用也成为家庭的一笔不小的负担。"丹青不知老将至，富贵于我如浮云。"即使在这样恶劣的物质条件下，陆埮也丝毫没有动摇，从未产生过要发财的念头，把世间一切的诱惑和痛苦都看作过眼云烟，只顾埋头向心中的理想前进。

"人生无百岁，百岁复如何？谁能将两手，挽彼东逝波。"陆埮有着极强的时间观念，认为时间就是生命，珍视一切时间，不浪费一分一秒。他在业余科研上投入的大量时间，都是从日常生活中挤出来的。想要成就某项事业，就必须投入大量的时间和精力，正如一句经验之谈："一个人如果在某一个专业上投入一万小时的有效时间，那么他将成为这个领域的专家。"

一日有十二时辰，时间对众生皆平等。大家享有的时间是等量的，却不是同质的。《儒林外史》里的匡超人在考取功名之前，就是一个善于利用时间的人。他当时住在乡间，既要挣钱养家糊口，照顾瘫痪在床的父亲，又要认真攻读时文选集，准备科举考试。他把一天的时间充分地利用了起来：天还没亮就起来杀猪、磨豆腐，利用上午的时间把猪肉和豆腐卖掉，把赚到的钱作为一天的开支，下午就睡一两个时辰，养足精神，晚饭后就坐在父亲的病床前陪伴父亲，给父亲端茶送水。父亲终日躺在床上，也就没有白天黑夜之分，晚上睡不着，匡超人就坐在旁边温习功课，背诵文章，就这样持续一宿，到天快亮时又去杀猪、磨豆腐。匡超人把一天当两天用，既维持了家庭的正常运转，又在学业上取得了很大的进步。近现代的国学大师钱穆先生也是高效利用时间的能手。他自幼失学，丧失了接受系统教育的机会，完全靠刻苦自学，后来成为一代宗师。《孟子》一书共有七篇，是一部极其重要的儒家基本典籍。钱穆先生为了啃下这本书，把自己关在家里，七天不出门，每天专心钻研一篇的内容，并把历代的注疏都看了一遍。七天之后，钱穆先生出关，整个人明显消瘦许多，但其意志之坚定、学习之刻苦令时人颇生感叹。陆埈从先贤们的人生经历中汲取了智慧和经验，知道人生匆匆，光华转瞬即逝，若不把时间充分地利用起来，无异于空耗生命。

"业精于勤，荒于嬉；行成于思，毁于随。"陆埈志在科研，无一日懈怠，亦无一日荒废，加上善于思考，喜欢开动脑筋，从不随波逐流，人云亦云。在南京电讯仪器厂工作期间，他克服重重困难，与罗辽复合作写成了《约瑟夫逊效应与势阱结》一文，并于1978年成功发表在《自然杂志》上。当时他们根本无法及时看到国内外的各种学术杂志，很多数据都是从公开发行的《参考消息》上得来的。陆埈始终认为，靠迟到和落后的数据是不能在科技前沿做出像样成就的，正所谓"巧妇难为无米之炊"。《参考消息》上的数据虽然并不全面，但却是新数据，时效性很强。陆埈就利用有限的条件，凭借着那些并不完整的数据进行计算，抽丝剥茧，层层深入，用大量的演算和理论推导来弥补消息迟滞、数据缺乏等带来的先天不足。陆埈在客观条件极其不利的情况下，最大限度地发挥了主观能动性，使不可能完成的任务成为可能。古人常说，"精诚所至，金石为开"，陆埈就是以一颗至诚之心和满腔的热血去奋勇拼搏，克服一切艰难险阻，即便是再坚硬顽固的"金石"在他面前也只能被粉碎。

我们不能决定自己身处的境况，但可以决定自己的内心。我们不能决定自己的遭遇，但可以决定自己的态度。我们实在应该有一种"我命由我不由天"的勇气，勇闯险滩，直面激流，"与天斗，其乐无穷；与地斗，其乐无穷"。面对磨人的困境而无动于衷的人，终究不能成为一个胜利者。如果当时能让陆埮全身心地从事科研，提供更好的科研条件，成为一名专职科研人员，那么，我们可以预见，他完全可以把自己研究的领域推向国际的最前沿。但历史不能假设，也不必假设。人生一世，草木一秋，我们只能拥有唯一且确定的一段历史时间，不管我们喜也好，悲也罢，它都在那里，不增不减，不生不灭。我们别无选择，只能迎难而上，针尖对麦芒，否则便只能庸庸碌碌，一事无成。无须等待，起而行之，在历史中创造属于我们自己的辉煌时刻。

熊掌鱼兼得

人生有涯学无止，怜惜寸阴勿疑迟。日拱一卒终胜棋，功不唐捐足下始。先秦时代的孟子在《孟子·告子上》中，用鱼和熊掌来喻指舍与得之间的关系，熊掌是人们想得到的，鱼也是人们想得到的，如果二者不能同时得到的话，人们往往就会舍弃鱼而选择熊掌。陆埮珍惜每一寸光阴，无论酷暑严寒、春月秋霜，都坚持不懈地从事业余科研工作，每天进步一点点。同时，他对本职工作也是兢兢业业、一丝不苟，在南京电讯仪器厂发挥自己的聪明才智，为单位创造了巨大的效益，改进了生产技术，提高了仪器生产的理论水平，取得了科研成果与工作成绩的双丰收，"鱼和熊掌"兼得，没有偏废。

想要技术革新，理论必须先行。没有先进的理论武装头脑，就难以选择一条先进的道路，一旦道路选择错了，科技产品的更新换代就可能迟滞，赶不上时代发展的潮流。当时的南京电讯仪器厂发展很快，来自全国各地的订单很多，但也面临着产品种类不够丰富、产品质量不够拔尖、仪器技术不够先进等问题。在日趋激烈的商业竞争中，产品一定要跟得上时代潮流，最好做到同类产品的最前列，这样才能具有核心竞争力，使自己的产品具有不可

替代性。而要做到这些，就必须加强理论
建设，及时地总结经验，多到兄弟厂家学
习交流，集思广益，最后形成书面文字，
供大家参考学习。其中，最好的办法就是
创办一本专业化的刊物，以此为载体，汇
聚各方面的信息，形成专业化的意见，然
后进行广泛普及，推动整个事业的发展。

《电子技术与数字化》刊物封面的刊名由
陆埮亲笔题写

　　陆埮根据当时厂里的具体情况、研发
特点、转型思路及自己在技术情报室长期
整理资料所形成的调研成果，创办了名
为《电子技术与数字化》的刊物，这份不
定期发行的刊物主要用于交流、学习和参
考，挂靠在工厂名下。[1]

　　刊物共分为几个专栏，主要刊登一些关于研发思路、实践中的问题、最
新需求动向、同类产品发展动态、仪器理论分析、理论的创新性转化、仪器
操作规范等方面的文章。一线的科技攻关人员工作繁忙，很难分出时间来进
行写作。为了保质保量地按时完成编辑杂志的任务，陆埮就亲自披挂上阵，
撰写稿件、校对审阅、编辑排版、出版发行等工作一肩挑，忙得不亦乐乎。
他化身为多个笔名，如路坦、季术、麦冲、郑贤波等，以不同的视角和风格
撰写文章。陆埮具备完整的知识结构、扎实的理论基础、丰富的实践能力、
广博的知识储备，写起文章来得心应手，游刃有余，又快又好。

　　这份杂志最初的定位是介绍一些与仪器生产相关的应用性、技术性的知
识，比较强调实用性，陆埮充分利用了他作为一名理论物理学家的深厚学
养，做了很多理论性的剖析，重视将理论与实践相结合，在实践中检验理
论，用理论推动实践，发表的很多文章都具有理论深度和学术价值。杂志第

1　陆埮调入南京大学天文系之后，《电子技术与数字化》才停刊。

一期一共印了 4000 册，不公开发行，只在各个单位之间内部交流使用。杂志凭借优良的质量、前沿的视野、深度的解析大受欢迎，一时之间，颇有洛阳纸贵之势。杂志的发行是不定期的，甫一印刷，各个单位的订阅者就闻风而动，很快就会被抢购一空。科学技术类杂志能受到如此重视，这在当年是罕见的。

"哲学家们只是用不同的方式解释世界，而问题在于改变世界。"陆垡的研究兴趣是理论物理，当时在这个领域已颇有建树，但他并不止步于此，而是思考怎样能让理论更好地服务于实践，将自己的科研成果用于工业生产第一线，实现创造性转化、创新性发展。

南京电讯仪器厂的主要业务是生产测量频率和时间的仪器。想要生产这类仪器，晶体振荡器、原子钟这一类的频率源是必不可少的。而频率稳定度是衡量频率源性能的一项重要指标，当时我国普遍采用计算标准偏差的方法来评估频率稳定度。陆垡通过调查研究发现，标准偏差只适用于表征具有固定特性的空间尺度参数，而难以有效刻画随时间变化的时域特性，也就是说用来刻画随时间变化的频率源存在很大的困难。其实早在 20 世纪 60 年代中期，国际上就已经认定用标准偏差来表征频率稳定度是没有意义的，可能导致误差偏大、测量失败。为了解决这个问题，1966 年，美国人阿伦建议不用标准偏差那样取每个测量频率与平均频率之差，而是改取两个相邻测量频率之差的方差来表征频率稳定度，这一方法被称为"阿伦方差"。

陆垡敢为天下先，成为第一个吃螃蟹的人，将国际上最新的阿伦方差引入国内。他在自己主编的《电子技术与数字化》杂志上对这个概念进行了详细的公式推导和理论阐述，这一举措在全国计量领域引发了广泛而深入的大讨论。陆垡还凭借这个突出贡献，参与了电子工业部频率稳定度计量标准的制定工作，使得国家计量标准局的计量单位标准更加准确。因此，他后来还受到了电子工业部[1]的嘉奖。

1　时称中华人民共和国第四机械工业部。

　　在技术情报调研过程中，陆埮发现美国已经研制出了一台计算计数器，这对南京电讯仪器厂的发展具有重要的启示意义，是一个值得关注的发展方向。计数器是一种性能良好的数字仪器，其计算处理功能十分方便快捷，将之应用于仪器的研发，无疑将对现有技术水平实现很大提升。根据陆埮的建议，厂里将计算计数器的研发列入了重点攻关项目，经过几年的测试研发，最终研制成功，并投入了批量生产。

　　英雄造时势，时势造英雄。陆埮复员到南京之后，被安排到与自己专业相关的重要岗位，他便利用手头的资源，勤于思考、勇于探索，取得了杰出的成就，创造出了巨大的价值，不仅给工厂创造了巨大的效益，还多次受到相关部委的嘉奖。这再次印证了人想要有所成就，就必须找到一个能够施展自己才华的舞台。就像"毛遂自荐"这个故事中的主人公毛遂一样，平时默默无闻，没有受到赏识，但他主动请缨，在出使别国的任务中一鸣惊人，使平时忽视他的人对他刮目相看。然而，人生漫漫，施展自己才华的舞台可遇而不可求，如果终日汲汲于此，则不免显得有些急功近利了。许多人在总结成功的经验时，总是强调人生要遇到那么几个提携自己的贵人，有了贵人提携，事业就能突飞猛进，取得质的变化。实际上，想要遇到贵人，首先要自我修炼，"博学之，审问之，慎思之，明辨之，笃行之"，让自己变得强大，只有这样，当机遇来临时，才能抓得住。说到底，"打铁还需自身硬"。世间如果真的有贵人，自己就是自己的第一个贵人。

身苦心安然

　　"宝剑锋从磨砺出，梅花香自苦寒来。"人生是一场漫漫长途，而苦难是其中必不可少的插曲，有些时候甚至会成为生活的主角。面对苦难，我们不必逃避，不必畏缩，因为它本来就是人生的一部分，没有苦难的人生是不完整的。苦难就好像人生的影子，永远不可能将其消除，只能与之共存，那么就需要调整好心态，泰然自若，安然处之。

"书卷多情似故人，晨昏忧乐每相亲。"书籍是知识分子最宝贵的财富，也是知识分子的灵魂所托、精神所寄。陆埃从长春防化学院复员到南京电讯仪器厂，搬家时一共有24个小木箱，其中22箱都是各类书籍。然而，书籍放在木箱里，不方便查找利用，而且初到南京时，厂里为其安排的居所很潮湿，也不利于保存。因此，制作一个大的书架来分门别类地摆放书籍，成了陆埃的当务之急。陆埃到木料市场选购好了木材，就送到了国营木料加工厂，但国营木料加工厂拒不接收私人的来料加工，只好作罢。陆埃就请了一位私人木匠到家里来打制书架，第一天的工作结束后，木匠就向陆埃诉苦，说自己家里的房屋岌岌可危，要先回去修理一番，等修完后再回来给陆埃打制书架。陆埃信以为真，没有一丝防备，把工钱全部提前支付给了木匠。但过了很长一段时间，木匠都没有再回来，陆埃这才发现自己被骗了，从此明白了"害人之心不可有，防人之心不可无""莫信直中直，须防仁不仁"的道理。但无论如何，问题总要得到解决才行，陆埃只能又到国营木料加工厂积极协商，经过一番软磨硬泡，加工厂终于答应了陆埃的请求。兜兜转转，书架终于完成了，陆埃又可以过上那种"眼前直下三千字，胸次全无一点尘……金鞍玉勒寻芳客，未信我庐别有春"的书斋生活了。

陆埃在打制完书架后，限于经济条件，不能再购置其他的家具了。当时他们全家的衣服只能存放在一个破旧的木箱子里，每个人的衣服用一张旧报纸隔开，由于木箱的密闭性太差，存放在里面的衣服时常有一股发霉的味道。有一次陆埃在北大读书时的同班同学林俊伯到南京出差，来到陆埃家里做客，看到了老同学家里的拮据现状，心里很不是滋味。林俊伯回到南昌后，就用自己的工资购买木料，请木匠制作了一个大樟木箱子，还特意刷了一层红漆，既美观又防潮。林俊伯亲自把这个木箱送到了陆埃的家里，使陆埃一家五口的衣服存放问题得到了解决。这个大樟木箱至今仍完好地保留在陆埮的家中，成为那一段珍贵友谊的见证。

　　1970 年夏天，长江两岸暴雨如注，数日不歇。长江的水位快速上涨，很快就超过了警戒线。昔日滋养万物的母亲河变得汹涌澎湃，随时都有决堤的危险。为了保卫南京，保卫人民的生命财产安全，驻扎在南京的部队以及各企事业单位的男性员工，无论领导还是一线工人，都冲上长江大堤投身于保卫大堤的安全工作当中。灾情严峻，抢险救灾刻不容缓，成为压倒一切的首要任务。陆埮也和大家一起在大堤上连续奋战了几个昼夜，搬运石块、夯筑坝体、修补缺口，哪里有险情，哪里就有陆埮忙碌的身影。皇天不负有心人，经过大家的努力，长江大堤最终安然无恙，保卫大堤的会战取得了胜利。陆埮的身体一向不是太好，再加上连续奋战，最后导致腰肌劳损，疼痛难忍，几乎动弹不得。工厂里面的医务室条件有限，陆埮不能得到很好的治疗。周精玉只好采用最简单的物理疗法，用热水袋装满滚烫的开水，敷在陆埮的腰部，促进腰部的血液循环，减轻血液淤积导致的疼痛。要想取得比较好的效果，就必须使用温度很高的开水，陆埮的腰部皮肤也因此被烫伤，起了很多大的水疱，可谓是雪上加霜。经过一段时间坚持不懈地治疗，陆埮的病情慢慢得到好转，却也留下了病根，每到阴雨天，腰部都会变得很酸痛，根本直不起来。

　　陆埮的三个儿女都很乖巧懂事，善解人意，聪明能干，是陆埮内心的骄傲。陆埮和周精玉平日忙于工作，照顾家庭的时间不免就要少一些，三个孩子因此养成了独立自主的品格，习惯自己处理生活中遇到的问题，没有一般孩子那种依赖的心理。

　　有一次，陆埮着急出门办事，出发

20 世纪 70 年代陆埮夫妇与三个子女（摄于南京）

前发现自行车的轮胎瘪瘪的，需要打气。轻铀立即拿来气筒给自行车轮胎打气，打完气准备拔出气筒的时候，手指被气筒猛地夹了一下。陆埮因为有急事，没有注意到这件事。轻铀痛苦地蹲在地上，紧紧地捏着手指，一声不吭。周精玉看出了端倪，赶快走下楼，只见轻铀的大半个指甲都有淤青，有的地方甚至呈紫黑之色。周精玉心疼不已，赶紧给轻铀的手指消毒包扎。几个月之后，轻铀受伤的指甲完全坏死，整个脱落了，又长出了新的指甲。轻铀的这种男子汉气概受到了许多人的赞扬。

有一年暑假，周精玉因为平日劳累过度，患上了头晕病，卧床不起，而陆埮这时候正在外地出差，鞭长莫及，难以照料。于是三个孩子主动分工承担家务，洗衣服、做饭、打扫卫生、买菜……各司其职，有条不紊。周精玉因为头晕，常有一种想要呕吐的感觉，饭也吃不下。夜深人静的时候，小女儿轻铱悄悄地到厨房煮了一大碗鸡蛋羹，端到周精玉的床前，叫她赶紧趁热吃了。彼时轻铱才五岁多，已经知道了要尽自己所能为家庭贡献一份力量，周精玉对此欣慰无比。

"山不在高，有仙则名；水不在深，有龙则灵。斯是陋室，惟吾德馨。"陆埮复员到南京，一家五口蜗居于仅约 20 平方米的简陋小屋里，生活设施极其简陋，生存条件十分艰苦。陆埮以他强大的精神力量，把物质的短缺转化为精神的丰富，就像孔子赞叹颜回那样——每天吃着简单的食物，喝着没有烧开的水，住在简陋僻静的巷子里。别人都忍受不了这样的清苦，陆埮一家却自得其乐，把富贵和享受都看作浮云。

身心虽然是一体的，但有不同的侧重点。身体所表现出来的是一种客观的情境，置身于艰难困苦之中，身体自然有一种本能的排斥，会感到很不适应。而心灵所体现的是一种主观的感受，因人而异，因事而异，因时而异。真正的智者，纵然身受苦痛，如在地狱之中，却内心安然，风波不惊。陆埮真正做到了"身虽苦，心却安"的境界。这种超然物外、乐在其中的心态，在古往今来的文人墨客中也有所体现。辛弃疾在他的一首名为《水龙吟·题瓢泉》的词中便流露出了类似的心境：

稼轩何必长贫，放泉檐外琼珠泻。乐天知命，古来谁会，行藏用舍。

人不堪忧，一瓢自乐，贤哉回也。料当年曾问，饭蔬饮水，何为是、栖栖者。

第四章　艰难困苦玉汝成

咬定不放松

志不强者智不达。陆埈将服务祖国与人民确定为自己的毕生事业，任风云变幻，岁月变迁，始终初心不改，历经艰难而弥坚。陆埈很早就明白，做人就要有松柏风度、梅竹情操。就像生长在悬崖峭壁上的黄山松，不管风吹雨打，依然岿然不动，它把根紧紧地扎进岩石中，默默生长，厚植根本。千磨万击还坚劲，任尔东西南北风。

陆埈在北大求学时，就对科研产生了浓厚的兴趣，他将探索科学的奥秘与未知的世界视为实现人生价值的重要路径。世界是客观存在的，客观世界的一切也都是可以认识的，但世界浩瀚无垠，其中蕴藏着无限的奥秘、美妙的规则、简洁的真理、巨量的信息，都有待我们去挖掘、去探索。陆埈认为，人类社会之所以能够不断地取得进步，就是因为人类有着好奇心，有着对真理的渴望。求知欲是推动我们向前的车轮，只有通过坚持不懈地探索发现，去认识和理解一个又一个未知的领域，使得人类知识的版图持续地扩大，对这个世界的认识愈加清晰、准确，人类才能更好地完善自身，更充分地证明自身的伟大。人就像是一根有思想的芦苇，是万物之灵长，但如果仅就生存技能这方面来说，在不借助工具的情况下，人类会输给很多动物，在狮子、老虎、鳄鱼、鲨鱼等动物面前，人类只能是弱者。人类能够领先于动物界，就在于对未知的好奇、对规律的渴望。陆埈尊重自然，尊重规律，同时也尊重人的智慧与力量，他想要把人的这种美德与伟大充分地利用起来，进一步认识这个"外我"的世界。

陆埮坚持自己的信念与理想，不是一阵子，而是一辈子。小人常立志，君子立长志。陆埮择一事，事一生，当他把科研确立为自己人生的中心目标，他的一切思考和行动都围绕着这个中心目标而展开。政治上的风云变幻、待遇上的委屈不公、生活上的艰难困苦都未能对他形成实质上的干扰，他早就把这些与中心目标不相干的事抛之脑后了。不管什么轰轰烈烈、起起伏伏、恩恩怨怨，在他面前，都是过眼烟云，转瞬即逝。

明代的哲学家、政治家、军事家王阳明从小就禀赋不凡，把成为圣人当作自己人生的中心目标。此后，他的一生都在为达成这个目标而探索、奋斗、付出、思索，直至成功。幼年的王阳明以当时读书人所共同崇敬的朱熹为学习榜样，从他的经典著作中寻求成圣之道。朱熹强调为学之道在于"格物致知"，也就是通过广泛而细致地研究各种事物的具体情况，从而总结出蕴含在这些事物中的一般性规律，这些规律就是"知"，而这个寻找规律的过程就是"致知"。王阳明将朱熹的话奉为金科玉律，认为求学之道无他，唯此一条而已。王阳明曾尝试探求家里一丛竹子所蕴含的道理，就采取"格"的方法，盯着竹子看了七天七夜，也没有得出什么所以然来，反而因为疲劳过度而病倒了。这就是中国哲学史上著名的"守仁格竹"的典故，王阳明也因此对旧有的学说产生了怀疑，决定另辟蹊径，探求出一条真正的成圣之道。后来，王阳明游历全国各地，与名师大儒交流讨论，寻求指点迷津。日就月将，他心中渐渐有了一个愈来愈清晰的认识。王阳明因为得罪宦官刘瑾而被发配到贵州龙场，龙场在万山丛中，人迹罕至。王阳明没有自暴自弃，他始终心心念念的就是最初制定的中心目标。经过长期的知识积累、深度的交流探讨，加之被贬谪而对心灵造成的冲击，王阳明终于找到了成圣之道，那就是"致良知"。圣人之道本来就在心中，不需要从外部苦苦追求，只需要发掘本心，便可做一个圣人。

陆埮的成功与王阳明的成功是相似的，始终有一个中心目标横亘在心中。不管三秋四季，还是百转千回，中心目标绝不动摇，这正是他们成功的关键所在。

"靡不有初，鲜克有终。"陆埈在艰难的岁月里从不随波逐流，谨守着自己做人的本分与底线。他秉持着"己欲立而立人，己欲达而达人"的人生信条，自己想要有所成就，也祝愿他人有所成就，没有一丝的妒忌心与愤恨不满。对于自己不想做的事，他也不要求别人做，更不会与那些精致的利己主义者同流合污。陆埈所坚守的内心戒律，本质上是一种道德追求与人格操守。德才兼备，德行是第一位的。陆埈重视自己的道德践履，充分发挥了自己的道德主体性，自己为自己的内心立法。

元代的理学家许衡有一次和朋友们外出，其时烈日炎炎，万里无云，他们走在路上不一会儿便是汗流浃背，口干舌燥，附近也没有任何人家，讨不到一口水喝。不久，他们惊奇地发现路旁有一棵梨树，上面硕果累累，散发着诱人的光泽。同行的人赶快到梨树下摘梨解渴，许衡却不为所动，并不动手去摘。大家都感到疑惑：现在兵荒马乱，这棵梨树的主人应该早就逃走了，无主之梨，为何不吃？就算主人在这里，到时候付些钱给主人不就行了吗？许衡正色道："梨虽无主，我心有主。"

陆埈和许衡一样，都是心中有主之人，他们心中都有一根"定盘针"，把道德操守列为人之所以为人的先决条件。他们深知，"君子之德风，小人之德草"，道德一经确立，便如铜墙铁壁，坚不可摧。遇事之时，他们敢坚持、敢斗争，即便粉身碎骨，也要留下清白之名，永存人间。

藏器以待时

在陆埈从事业余科研期间，全国的大部分学术性杂志因政治因素都已停刊，每一个学科类别只剩下寥寥几种杂志可供投稿。这也就意味着，陆埈当时撰写出来的科研论文很难获得发表，也就不能被认定为正式的科研成果。

陆埮对此不以为意，他认为做科研本就不应该有太多功利性的目的，科研的本质就是求真务实，探索未知的世界，求得宇宙的真相。对他来说，论文的发表与否倒在其次，关键是要享受这个专心致志思考的过程，提高自己综合分析知识的能力。他始终坚信"有志者，事竟成；苦心人，天不负"，写出来的论文纵使得不到发表，也只是一时之失。自己在科研中积累的经验和体会到的心得，才是人生成功的长久财富。只要自己练就了一身过硬的本领，在关键时刻拿得出手，昔日的一切努力就不算白费。所谓"养兵千日，用兵一时"，讲的就是这个道理。

时来天地皆同力，运去英雄不自由。时机来了，天地都与自己齐心协力，顺风顺水；运势如果不在了，盖世英雄也只有嗟叹命运不济，就像无根的蓬草，四处飘散，身不由己。然而，时来和运去都不是自己可以把握的，二者都是一种发展规律，与天下大势同频共振。我们所拥有的，是坚定的内心与永不停歇的双脚，我们可以做自己的英雄。

明代的大政治家张居正就善于把握时与势，他知道逆时而动不仅困难重重，还往往会弄巧成拙。而顺势而为，就可以得机遇之先，犹如猛虎添翼，事半功倍，取得超出预想的成功。张居正在担任内阁首辅之后，就开始制定监督、考核官员的"考成法"，以及调整税赋征收方式的"一条鞭法"，并大力推行，不久之后效果显著，海内称快。张居正的新政之所以能够顺利地推行，就在于他取得了居庙堂之高的皇帝的首肯，也顺应了处江湖之远的百姓的呼声，既得其时，又顺其势，焉有不成功之理？

明末的凌濛初在《初刻拍案惊奇》一书中讲述了一个叫"转运汉巧遇洞庭红"的故事，深刻地揭示了"时来运转"与"长期坚守"二者间的关系。文中的主人公文若虚做生意长期亏本，家财几乎散尽，但他相信"树挪死，人挪活"的道理，认为只有让资金流动起来，才可以带来丰厚的利润。一次，他碰到一艘船要出海做生意，他打算一起去，但苦于没有本钱，于是向船老大借了一两银子，置办了两筐名叫"洞庭红"的橘子，权当自己的贸易交换之物。同船的人都嘲笑他没有本钱，竟然妄想通过卖两筐橘子来发财致富，文若虚不置可否，并不争辩。后来到了一个异域国度，那里各种珍宝琳琅满目，当地人对此司空见惯，并不以之为宝。他们看到文若虚带来的红彤彤的橘子散发着诱人的香气，由于他们从来没有见过这种橘子，以为是什么稀有的食品。于是，他们以一两银子一个的价格，很快就把两筐橘子抢购一空，文若虚也赚了个盆满钵满，实现了时来运转。

文若虚成功的关键在于他始终坚信商业贸易是致富的一条康庄大道，即便做生意屡战屡败，却从来没有产生过悔意，长期的坚持最终得到了回报。陆埮对于业余科研的坚持，对时势变动的等待，与文若虚的经历是有相通之处的。

工欲善其事，必先利其器。陆埮在喧嚣的年代抱朴守拙，默然处之，不去卷入是是非非当中，也不去评价别人的是是非非，以和光同尘的态度去处理纷繁复杂的人际关系。他知道"君子不器"的道理，认为一个君子应该有多方面的才能，而不应该只通晓某一个方面。陆埮没有荒废时日，他把业余科研做得专而精，又把其他的一些工作做得广而博，专与博的关系处理得很好，使自己成了一个具有多种用途的"器"，并藏之于身，待时而用。

但问耕耘力

日出而作，日入而息，逍遥于天地之间而心意自得。顺应晦明之变化，用心耕耘，不管其他许多烦恼之事，活得逍遥自在而内心恬静。人们往往觉得一分耕耘就该有一分收获，投入与获得应该是成正比的，而现实的世界要复杂得多，简单的正比关系是不适用的。如果内心世界始终斤斤计较于投入与产出的利害得失，那么将永远难以获得平和的心态与广博的胸襟，唯有专心专意于耕耘，不去管一时一地的祸福荣辱，才能登高，才能致远。

陆埮从事业余科研得不到承认，也得不到一丝一毫的物质援助，反而还有被批判的风险，但他内心坦然，不为世俗与局势所动，只一心埋首于书案之前，努力攀登科学的大山，坚信无限风光在险峰。陆埮知道，人上一百，形形色色，每个人的生活阅历和思想境界都是不一样的，想要得到每一个人的认可是十分困难的，众口难调。在人际交往过程中，如果抱有一种完美主义的心态，想和每个人都建立一种良好的关系，这无疑是一种一厢情愿的理想状态，在现实生活中几乎不存在。人都有自己的观点、立场和利益诉求，结交朋友也是以此为出发点的。多元化的价值取向，也就决定了多元化的择友标准，要强行取得一致，无异于赶鸭子上架，纵然口服，心也不服。陆埮为人处世抱着"岂能尽如人意，但求无愧我心"的态度，并不追求使方方面面都感到满意，而是顺其自然，尽全力把每一件事情干好。他仰不愧于天，俯不怍于人，只求内心安宁。

陆埮是一个典型的书生，但他的内心却与农民兄弟是相通的。他从小就学习过李绅写的《悯农》："锄禾日当午，汗滴禾下土。谁知盘中餐，粒粒皆辛苦。"他同情农民的遭遇，敬佩农民的勤劳，尊重农民的收获，他也学到了农民的许多优秀品质。陆埮将自己的业余科研看作耕种土地，自己就是在土地上辛勤耕种的农夫。春种、夏耘、秋收、冬藏，四季轮回，寒暑易节，没有一日休息，心中所念所想，都是脚下的土地，以及土地上生长的庄稼。然而，天有不测风云，地有旱涝灾荒，辛勤劳作之后却不一定有令人满意的收获，甚至于颗粒无收。但农夫会因为将来可能没有收成，而放弃播种和耕耘吗？陆埮细心地呵护着自己的"科研庄稼地"，为之付出汗水与努力，至于能否成功、能否收获，已经不是题中应有之义了。

"一切有为法，如梦幻泡影。如露亦如电，应作如是观。"当我们很刻意、很功利地去做一件事的时候，急于求成，内心不免浮躁。为了尽快完成任务，取得成绩，甚至敷衍塞责，粗制滥造。而且，带有很强的目的性去做一件事，可能会使这件事情本身产生异化，使这件事丧失它的本来面目，变得面目全非，与当初的设想相差十万八千里。例如"四书五经"本来是儒家的重要经典，人们读这些书，是为了诚意正心、格物致知、修身齐家以至于治国平天下，看重的是道德水准的提高、人生经验的积累、古代文化的传承。然而，在明清时期，由于"四书五经"与科举考试深度绑定，"四书五经"从此成为人们追求功名利禄的敲门砖，知识由此被异化为一种手段。科举考试既把"四书五经"推向了全社会，却也掩盖了"四书五经"的真实意涵，使之成为冷冰冰的道德教条和考试教材。陆埮对待知识、对待学问、对待科研，总是持一种纯粹而自然的态度，而不把它们与利益和前途挂钩，终身持之，从而避免了陷入学术研究的异化之中。

积健自为雄

"古人学问无遗力，少壮工夫老始成。"读书、求学都需要长期的努力与积累，在漫漫的征途中，一刻也不能松懈。万丈高楼平地起，须打好地基，修好每一层楼，绝不偷奸耍滑、偷工减料。聚沙成塔，集腋成裘，最终从量变到质变，方能建好一座辉煌的学问大厦。陆埮从事业余科研的道路漫长而艰辛，他一步一个脚印，正所谓"千里之行，始于足下"，每一步都走得扎扎实实。没有比人更高的山，没有比脚更长的路，陆埮经过长期艰苦跋涉，绵绵用力，久久为功，终于在科研领域实现了从量变到质变的飞跃。

"板凳甘坐十年冷，文章不写半句空。"科学研究既是一项充满挑战的事业，同时也伴随着孤独与寂寞，甚至科研者还要承担巨大的风险和压力。科学研究的本质就是探索未知的世界，找出事物发展的一般规律，让人类的生活更具有可知性与确定性。科研工作与繁华喧嚣和浮华热闹是不相干的，这必然是一项孤独而寂寞的事业，想常人所不想，思常人所未思，做常人所难做，有时甚至不被理解，也只好默默承受，淡然处之。科研项目能否做出成果具有巨大的不确定性，可能十年如一日的投入，换来的只是失败的结果和一个不存在的结论，自己的心血无物可证明，内心承受的压力之大，可想而知。陆埮亦是血肉之身，别的科学家所遭遇的问题他也会遇到，人同此心，心同此理。但他把科研视为一种常态，完全融入了自己的生活，生活即科研，科研即生活，二者没有明确的界限，心态上也要从容不迫一些。古人说："世事洞明皆学问，人情练达即文章。"陆埮真正做到了"时时刻刻皆学问，生活处处有科研"。他完全融入其中，一切合乎自然。有一些人急功近利，当科研成果长期没有进展时，为了提高成果的数量，甚至不惜编造数据，或者选择性地忽略某些实验缺点，夸大自己的实验成果。陆埮对这些行为深恶痛绝。他宁愿实验成果少一点，科研论文写作慢一点，也绝不搞弄虚作假那一套来制造虚假的繁荣，这既是学术的底线，也是做人的底线。

　　"一举首登龙虎榜，十年身到凤凰池。"这句诗虽然描述的是古代读书人经过十年的寒窗苦读后，衣锦还乡，被人颂扬的情景，但其中所展现的那种坚持不懈、勤奋刻苦、建功立业的精神特质与现代人却是相通的。这不是命运的馈赠，而是努力耕耘的收获。

第四篇

一飞直上九重天

从粒子物理到天体物理，陆埮勇于探索未知，敢于
突破常规，他的每一次科研转向，都基于对学科前
沿的敏锐洞察和对国家需求的深刻把握。他不仅在
致密星、伽马暴等研究领域取得了开创性成果，更
为中国高能天体物理的发展奠定了坚实基础。陆埮
的一生，是与国家命运紧密相连的一生。他用自己
的科研成果为国家科技进步贡献力量，倾尽心血培
养了一代又一代科研新星，用实际行动践行着科学
家的社会责任和使命担当。

第一章 鸿雁往来探真妙

三人同此心

陆埮长期从事业余科研，但他不是一个人在战斗。他还有两位亲密的战友，一位是罗辽复，一位是杨国琛，他们三位是北大的同班同学。

陆埮和罗辽复的相遇，恰似命运安排的一场戏剧，他们是在火车上结缘的。1952年，陆埮和罗辽复因为成绩优异而被留学苏联的预备班录取。一般的大中院校9月就开学了，留苏预备班的情况却很特殊，开学很迟，要等到10月4日才开学。陆埮计划了一下行程，从苏州到北京的火车用时大概32小时，所以他在10月2日就独自一人带着行李从苏州乘火车奔赴北京，远离家乡到大城市求学。火车窗外，是祖国的大好河山，连绵不绝，如诗如画。陆埮的心中却似奔腾的大海，翻滚不息，思绪万千。坐在陆埮座位附近的是一个青年学生，他个子虽不高，但戴着眼镜，衣着整洁得体，显得格外精神焕发。由于年龄相仿，陆埮便与他攀谈了起来。一番畅聊之后，他才发现，这个青年和自己报考的志愿一模一样，而且也是留苏预备班的学生。"酒逢知己千杯少，话不投机半句多。"两人越聊越投机，越聊越高兴，互相引为知己，颇有一种相见恨晚的感觉。对于这一段奇妙的经历，罗辽复后来回忆道："10月初的一天，我只身登上了从上海到北京的列车，在座位上一动不动地连坐30多个小时，终于快到北京了。这时发现背后座位的那个青年和我要去的是同一个地方，于是我认识了陆埮。我们拿出发榜的《解放日报》相互证实，并且知道了那年我们报考的全部志愿完全相同。"正所谓"无巧不成书"，两人因为火车上的巧遇开启了长达一生的深情厚谊，终生互相引为挚友。

火车到达北京后，陆埮和罗辽复两个人一起前往北京俄语专修学校二部报到注册。学校的面积不大，宿舍也显得十分拥挤，每个房间的学生都塞得满满的，仅够放下一张床，连放书桌的地方都没有。虽然学校的住宿条件不是很好，给学生们定的伙食标准却很高。当时北京大学的一般学生伙食标准是每个月10元左右，而陆埮他们的伙食费却将近30元，每顿饭不仅主食管够，还有牛奶、鸡蛋、肉松、香肠之类的营养食品，菜品十分丰盛。留苏预备班采取小班教学，每个班只有20人左右，幸运的是，陆埮和罗辽复又正好被分在同一个班。两人在预备班共同学习，一起到图书馆自习、到餐厅吃饭、到宿舍休息，每天可以说是形影不离。他们一起谈理想，谈未来，谈生活，谈事业，知无不言，言无不尽，关系相当好，成了铁哥们。

陆埮以前患过肺结核，学校体检时发现病灶还在，而去苏联学习必须具备强健的体魄才能应对繁重的学业。陆埮因此不得不休学一年，回家养病。后来陆埮被告知，可以免试进入全国任何一所大学，他毫不犹豫地选择了北京大学物理系。"祸兮福之所倚，福兮祸之所伏。"陆埮也算是因祸得福，回家休学一年，却得以进入自己梦想的专业，对此他感到十分庆幸，高兴了好一阵子。另一方面，罗辽复赴苏联留学的计

青年时期的陆埮与罗辽复（摄于北京大学）

划也未能成功。在进行政治审查时，发现他家里存在海外关系，政治上不符合要求，便由教育部直接按照他高考时报考的第一志愿将他送到北京大学物理系学习。阴差阳错之下，两人又成为同班同学，看来命运女神也有偏心的时候。"人生得一知己足矣，斯世当以同怀视之。"知音难觅，陆埮和罗辽复却遇上了，经过了几次三番的波折，友谊仍然没有受到影响，真可以感叹一声：时也，命也，运也。

　　杨国琛则是陆埮在北大时认识的同班同学，因为志向相近、气味相投，他们走到了一起，加上罗辽复，三人一起组成了一个学习小组，共同讨论一些经典问题和前沿知识。杨国琛在回忆与陆埮在大学时期的交往时说：

　　"我和陆埮都是1953年进入北京大学物理系学习的。这一届入学的同学共有120名。开始分成六个班，我和陆埮同在一个班。那一年的入学新生，先临时住在第二体育馆，后来安排住到大饭厅对面的1—15斋。每一个'斋'都是二层小楼，小楼内共有4个大房间，每个大房间分三格，每一格住8个人，一个大房间可以住24个人。我们一个班的同学同在一个大房间里，所以很快就熟悉了。知道他原本因成绩突出是准备留苏的，不禁有某种敬意。但很快发现他其实很随和并且很谦虚。因为他为人真诚，宽厚，性格开朗，所以在他的周围形成大的朋友圈。"

　　陆埮、罗辽复、杨国琛三个年轻人都聪明能干且胸怀大志，他们有着很强的思维创新能力，秉持着研究学术所必备的独立之精神与自由之思想。他们从不把自己归入某一个特定的学术派别，坚持"吾爱吾师，吾更爱真理"的信条，没有门户之见、派别之争，一直在寻找真理，追求真理，唯真理是从。他们搞科研的风格很有特色，把"大胆假设，小心求证"这句话作为科学研究的金科玉律，敢于设想，善于设想，然后设计精细化的实验来验证，相比于那些循规蹈矩、墨守成规的同道，他们已经走到了前列。

　　三个人毕业以后，陆埮先去了哈尔滨，后又转往长春、南京等地；罗辽复被分配到内蒙古大学；杨国琛被分配到天津河北工学院，从此天各一方，相互之间很难见上一面。然而，距离并没有成为他们一起合作搞科研的障碍，不久他们就通过书信往来的方式讨论一些物理难题和共同感兴趣的课题，一段传奇的"书信科研"故事由此开启。

　　他们三人一致认为，真理不仅是一个理论上的概念，更应该具有普适性，且能够得到验证。验证真理的方法就是将其投入到实践之中，实践才是检验真理的唯一标准。至于那些纯粹属于理论猜想的课题，因为缺乏用实验证明的条件，他们最多只进行一些理论性的推导与演算，并构建出可能的理论模型，但对其是否合乎客观规律、是否具有一般适用性等问题，三人则不予过多的思考和研究。他们确定的每个研究课题皆基于实验，以实验修正、完善、检验理论，又以理论指导改进实验，实践与理论相辅相成。在通过实验验证之后，他们会根据这个基本成熟的理论模型来写出论文初稿，然后互相传阅、审看，每个人都提出各自的修改意见。经过反反复复的讨论与修改之后，最终形成了具备发表水平的定稿。

　　现代科学最强调分工，各个学科之间都存在学科壁垒，即便是同一学科，其内部的各个分支学科也有着极大的差异。以化学为例，它内部细分为无机化学、有机化学、物理化学、生物化学、分析化学、结构化学、高分子化学、核化学等各个领域，不同化学分支学科之间有很大差异，各自拥有其独特性和核心要素。

　　在综合考虑科研条件、科研难度、科研前景、科研价值等诸方面影响因素之后，他们将科研选题锁定在粒子物理、原子核结构、穆斯堡尔效应三个方面。其中粒子物理是三个人最感兴趣的研究方向，粒子物理也就自然而然地成了三个人最开始的合作课题。

　　万两黄金容易得，知心一个也难求。古代的中国人很讲究五伦，即君臣之伦、父子之伦、兄弟之伦、夫妇之伦、朋友之伦。朋友被放在了一个很重要的位置，是一个人一生发展的重要基础。在中国历史上最著名的一对朋友非俞伯牙和钟子期莫属。俞伯牙善于弹琴，琴技十分高超，但普通人只能欣赏他琴声的三分，另有七分精妙之处却听不出来。出神入化的琴技却无人赏识，俞伯牙因此感到很寂寞。一天，俞伯牙在瀑布边弹琴，独与天地精神相往来。他弹琴并不用什么琴谱，只是律随心动，心中想到什么，相应的感觉就从指尖流出，意蕴深远，人间难得几回闻。这时一个樵夫走了过来，静静地驻足聆听。当俞伯牙想到高山的时候，钟子期叹道："多么巍峨险峻的山峰呀！"当俞伯牙想到潺潺流水的时候，钟子期又叹道："多么清澈和缓的流水呀！"俞伯牙把心中所想付之于指尖，钟子期通过辨听从指尖流出的琴声，就能知道俞伯牙心中所想，就好像俞伯牙发出的每一份电报，钟子期都能破解其中的密码。俞伯牙把钟子期引为知音，每日弹奏，必使子期辨音。常言道，"君子之交淡若水"，而视俞、钟二人之交，则可称"君子之交美若音"。后来，钟子期因病英年早逝，俞伯牙悲痛欲绝，以为世间再无知音，留琴又有何用？于是就把琴毁掉了，终生不复弹奏一曲。

陆埮、罗辽复、杨国琛三个人就是难得的知音，"欲将心事付瑶琴，知音少，弦断有谁听？"他们三人不分彼此，为着同一个理想而不懈地奋斗着。知音虽少，但令人慰藉的是，他们可以互相倾听。

笔墨最传情

"欲寄彩笺兼尺素，山长水阔知何处？"陆埮、罗辽复、杨国琛从事业余科研遇到了很多困难，任意一个困难都可能将他们打倒，只是"有志者，事竟成；苦心人，天不负"，他们最终还是齐心协力克服了这些困难，留下了一段刻骨铭心的记忆。

他们的科研是业余性质的，时间上得不到保障，往往只能千方百计地挤出一些时间，但终归有些碎片化，很难找到大段的时间。只有等到晚上下班后，他们才在家中或办公室里"开夜车"，利用夜间难得的安静来认真地思考科研问题。

陆埈有着杰出的工作能力和超乎常人的精力，他在出色地完成了自己的教学本职工作之后，还与罗辽复、杨国琛坚持通过书信进行学术交流。这些书写信件的时间都是从他们各自宝贵的休息时间中抽出来的，难能可贵，令人感佩。在那个年代，还没有计算机，更不用说什么电子邮箱了。电话的数量也很少，一个地区就那么几条专线，而且都是公用电话，私人是没有电话的。公用电话必须用来联系公务，因为他们的科研是业余性质的，并没有得到相关部门的支持，所以科研也只能算是私人之事，不得使用公用电话。我们常听到一句话，用来追忆过去年代的美好，表达对当下快节奏生活的不满："那时候车马很慢，书信很远，一生只爱一个人。"但如果真正地生活在过去的那个年代，现在的人恐怕难以适应当时的生活。书信的邮寄速度很慢，效率也比较低，但是除此之外，别无他选。

他们从事的业余科研项目并没有正式立项，也就意味着没有任何的经费支持，全过程都需要自费。频繁的通信所需要的大量邮费、科学研究所需要的相关资料费、当面讨论问题所需要的差旅费和住宿费，都需要从他们自己微薄的工资中支出。

大学毕业后，罗辽复被分配到内蒙古大学任教，杨国琛被分到河北工学院任教，他们的工作单位后来都没有变动，通信地址也很稳定。陆埈工作过的地点就很多了，历经北京、哈尔滨、长春、南京等地，通信地址也多次改变。每一次信件邮寄地址的改变，陆埈都会提前告知罗、杨二人，以避免信件遗失。陆埈定居南京后，一封又一封的信件往来于南京、天津、呼和浩特三地，虽然南北遥隔，山长水远，但信件总能安全地被送到各自手中。捧读友人亲笔书信，见字如面，就如同见到真人一般。

"独学而无友，则孤陋而寡闻。"他们三人都深深地体会到，如果想要做出学术成果，彼此之间必须进行交流，多多益善。在交流的过程中，各自的思想会碰撞出火花。萧伯纳曾经说过："如果你有一个苹果，我有一个苹果，彼此交换，我们每个人仍然只有一个苹果；如果你有一种思想，我有一种思想，彼此交换，我们每个人就有了两种思想，甚至多于两种思想。"他们思考着相同的问题，但思考的角度和深度可能会有差异。通过学术交流，他们能够互相借鉴、互相帮助、互相启发，有助于了解同伴科研的进展。如果自己落后了，就可以借鉴先进经验；如果自己领先，同伴也可以借鉴自己的经验，最终实现双赢，最大化地利用时间。在进行科研时，他们必须考虑到成本和效率的问题，让有限的资源发挥出最大的作用。因此，他们在研究一些问题时，不会四面出击、广泛撒网，而是以问题为导向，在自己已有的知识体系中找出有用的工具来解决这个问题，既不故步自封，也不好高骛远。

陆埮的妻子周精玉毕业于武汉大学化学系，她和陆埮因为对科学有着共同的追求，志同道合，走到了一起。她知道，科学技术是第一生产力，而科学技术要取得发展，必须依赖于科学研究的攻关。并且对于一个有抱负、有理想的知识分子来说，能够在科研上做出一些成就，通过科研来报效祖国、服务人民，是最值得骄傲和倍感荣幸的事。因此，无论在什么样的情况下，陆埮的业余科研都得到了周精玉的大力支持。在经济困难的年代，陆埮的职称还不高，每个月的工资是 53 元。夫妻二人的工资就是家庭的全部收入来源，他们要利用这份工资来赡养老人，抚养幼儿，维持家庭日常开支，常常感到拮据。在物质生活条件如此困难的情况下，周精玉每个月还是拿出固定数额的钱给陆埮订阅书籍杂志，购买演算稿纸和写信用的邮票等，全力支持陆埮的业余科研工作。

科研上遇到的问题很多，必须及时地进行交流讨论，以便解决，因此当时三人之间的书信往来极其频繁。据不完全统计，在将近 20 年的时间里，三人之间往来的书信多达 3000 封，总字数达到几百万字。邮递员隔三岔五就要送信到陆埮家里来，成了家里的常客，但后来陆埮的妻子、子女都在南京，互相之间没有通信的必要，不免会有些怀疑。在递交书信的时候，邮递员用怪异的眼光打量着陆埮，看得陆埮浑身不自在。为了避免无端的闲言碎语，陆埮在收信的时候，总会叫上妻子一起，以表明自己的光明磊落。后来陆埮专门就收发信件数量的问题向邮递员做了一次说明，邮递员听后佩服不已，以前的种种疑惑也就一扫而光。邮递员认为这是一件光荣而伟大的事，表示一定要竭力帮忙，保证每一封平信都按时送到，绝不遗失。

现代社会随着科技的发展，信息的传递越来越快捷和方便，书信这种传统的远程沟通交流方式正在慢慢淡出历史的舞台，更不要说用书信这种形式来进行学术研究了。但实际上，以书信的形式来进行学术研究并不是陆埮他们几人的首创，这在中国历史上具有悠远的传统。今天我们翻开许多古人的著作全集，会发现里面相当一部分内容都是以书信的形式呈现的。古人喜欢述而不作，并不刻意追求写书以流传后世，认为这样做的话目的性太强，不利于高尚品行的养成。当他们在求学过程中遇到百思不得其解的问题时，便会把自己的困惑写在信中，然后寄给友人，寻求友人的看法与意见。同样，也有人写信寄给他们，请求指点迷津，他们便会认真思考这个问题，然后郑重其事地写好回信寄出。许多学派的主要思想都是在这些书信往来中被激发出灵感，然后通过进一步地引申、发挥、完善而形成的。这也是为什么古人文集里面的书信所体现出来的观念，往往能代表其一生的思想主张。这些书信也就成了极为重要的学术史文献。

陆埮他们三人通过书信的方式搞科研，可以说颇得古人之遗风。而今通信技术进步，信息传递发达，我们也不应该完全放弃书信交流这一方式。不过可以采用电子邮箱这一效率更高的载体，与前人相比，其便捷程度已不可同日而语。

往来成巨帙

　　"不积跬步，无以至千里；不积小流，无以成江海。"三人在确定了合作方向之后，便积极开始了新一轮的业余科研。他们的书信内容基本上都是与学术相关的，其他方面的内容交流得很少，与其说这是私人通信，不如说这就是学术研究报告。为了避免信件的遗失，他们写的每封信都有一个独特的编号，用LF、Y、LT这些姓名的首字母缩写来区分写信的人。

　　"LT528 来信收到。关于北京层子模型的研究，绝对不能搁置，这项工作我国起步较早，绝不能让它落后……""LF483 来信意见是对的，但愚意以为奇异粒子的非轻子蜕变亦颇值得研究……"

　　书信的篇幅不一，短的话一般有两三页纸，多的时候会有十几页，甚至于二十页，他们每周不管有多忙，都至少要写一封。因为这些书信本质上是一种学术文献，所以每一封信都要编号、复写，复制件一般有两到三份，其中一份自己留底。很多时候刚刚把上一封信寄走，马上又灵光一现，有了新的想法，就会立即赶写一封信，真的是能体会到古人所说的"复恐匆匆说不尽，行人临发又开封"的情感。

　　科学研究极度讲求时效性，而且必须努力追赶前沿性成果，否则就会因为耽误时间而使自己的前期科研积累功亏一篑，丧失优先发表权和第一署名权。通过书信往来进行科学研究，这种方式的时效性显然得不到保障。有时，三个人如果讨论到比较关键的问题，而又不允许拖延太长时间的话，他们就会把其中一人所在的城市定为目的地，另外两个人长途跋涉前去会合，只为最终集合在一起，面对面地沟通交流。有时候他们会各执己见，在一些问题上互不让步，争得不可开交。真理越辩越明，正是通过激烈的讨论，甚至争吵，他们茅塞顿开，把一些长期没有搞懂的理论问题一下子弄通。而在这个过程中所迸发出来的思想的火花，也成了许多科研课题的灵感来源，尤其是他们所秉承的那种"吾爱吾师，吾更爱真理"的信念，在他们今后的科研道路上发挥了重要作用。出乎所有人预料的是，在各种各样的困难面前，他们之间的通信竟然持续了近20年之久。陆埮和罗辽复之间的通信，在"文化大革命"那段特殊的岁月里也没有中断，而是咬牙坚持了下来。"骐骥一跃，不能十步；驽马十驾，功在不舍。锲而舍之，朽木不折；锲而不舍，金石可镂。"从1960年到1978年，陆埮和罗辽复先后往返信件达2800多封，讨论了各式各样的物理科研问题，领域广泛、认识深刻、观点新颖。再加上之前他们与杨国琛的通信，总数达3000余封。通过书写信件，他们将自己的各种观点、看法都诉诸文字，用流畅的语言表达出来，这也使得他们的思考和见解更具逻辑性和系统性，已经具有了学术论文的雏形。通过整理，一篇篇思想深邃的论文应运而生。他们根据书信中的内容，整理并发表的论文将近50篇，这种形式的合作取得这么多的科研成果，已经成为中国现代科学发展史上的一段传奇，值得大书特书，永远铭记。

他们三人是学术上的诤友，有时为了讨论一个观点不同的学术问题、选择一种更好的理论推导方式、架构一种更为合理的理论模型、选择一种更严谨的表达方式，往往会争论不休，各抒己见。但他们在生活上又是密友和知己，相互理解、相互配合、相互信任，处处以礼相待，绝不轻浮随便。他们在书信中都不直接称呼对方的姓名，而是继承了中国人写书信的良好传统，使用的都是尊称，陆埮被称为"陆翁"，杨国琛被称为"杨公"，罗辽复则被称为"罗老"。三人之间彬彬有礼，尊敬有加，他们的合作关系既严谨认真，又和谐舒畅，呈现出一个生动活泼的好局面。

"欲赋生来惊人语，必须苦下死工夫。"他们三人都是身兼两职，既要完成本职的教学工作，又要从事业余的科研工作，时间紧、任务重、工作多，对身体素质和心理状况都是一个考验。即便把自己平素的兴趣爱好都抛之脑后，即便常常通宵达旦地进行业余科研工作，他们始终保持着良好的精神面貌，目光如炬，精神焕发。当三人合作撰写的论文寄到出版社出版发行，当他们了解到自己的理论科研成果和理论模型被推广应用于实践，当得知在相关领域取得的成就并未落后于国际先进水平时，三人的内心满是欣慰和满足。这相当于一种认同、一种鼓励、一种督促，使他们更加奋发勇毅地向前行。

早在 1960 年陆埮就开始与罗辽复通信，到后来杨国琛也加入他们的行列，成为科研三人组。他们合作撰写的论文发表在《中国科学》《科学通报》《物理学报》等自然科学杂志上，这些都是当时自然科学方面最高级别的杂志。经过长期的努力，他们合作发表的论文一共有 40 多篇，数量颇为可观。在特殊的岁月里，国内与国外的学术交流几乎全部中断了，他们根本不可能把写好的论文寄到国外的杂志上发表，否则就可能被认为在政治上有问题，严重的话还会被扣上一顶"里通外国"的帽子。但当时国内的发表环境也十分恶劣，学术期刊已经大面积地停刊，每个学科类别可能就留下来那么几种，全国的科研人员都要去挤上面的版面和名额，难度非常大。他们还有许多论文无处发表，写好后只能暂时放在文件柜里面，等待将来合适的时机。

实际上，从严格意义上来说，业余科研并不是一个本来就存在的概念，随着学科分类逐渐精细化、学科难度大幅度提升，才出现了专职的科研人员，与之相对的业余科研的概念才随之出现。例如中国古代发明浑天仪的张衡，他本身是一名颇有作为的官员，一直都担任着行政职务，署理一方。同时他也对天文历法感兴趣，在公事之余自己也动手制作观测天文的仪器，最后成功研制出了浑天仪。明代的李时珍，是一位临床医生，每天忙于给病人望闻问切、开方抓药。他完全可以恪守医家传统，凭借历代医家所留下来的各类药物目录、实践病例、医学理论、药方配比等资料来行医济世。他却不满足于现状，将自己在平日行医过程中的所思所想所感都记录了下来，特别是古代医方中对病因、病理、药名、药性认识有误的地方更是详尽地登记在案。他四处行医，诊治过的病人不计其数，积累了丰富的临床经验。他走遍五岳三山，前往各种药物的主要产区进行实地考察，将最道地的药材实物与书本上的记载相对照，找出记载的舛误，及时标明，并写下前因后果及改正意见。最终，他将古代的医学理论、医学经验、医学方剂与自己长期的行医实践、理论认知、舛误记载、思考心得相结合，编撰出了具有代表性的科研成果——《本草纲目》。同样的，中国古代科学技术百科全书《天工开物》的作者宋应星，也不是什么皇家研究院的研究员。他在考取举人之后，担任了职级很低的地方官。《天工开物》中的各种科学技术是他长期与百姓打交道，从一线工作中总结提炼而来的。张衡、李时珍、宋应星这三人的职业身份都不是科学家，但他们都把科学性的思考融入了自己的日常生活，从不刻意为之，却也不曾间断，最终取得了彪炳史册的成就。

　　从另一个角度来看，以科学研究为职业的人，科研工作就必须服从他的职业发展规划，就要应对一系列的考核与评价，需要做出更多数量的成绩，以便自己在事业和职位上更上一层楼。但其实科学研究从其本质上来说，应是对未知世界的探索，对人类好奇心的满足，对宇宙规律的概括和总结。科学研究应该有"为科学而科学"的博大情怀和"为知识而知识"的纯粹信念，不应该掺杂一丝一毫的私心杂念。而陆埮他们所从事的业余科研活动，不必面对功利化的考核与成果评估，可以天马行空，无拘无束，充分地发挥自己的科研想象力，并有着极大的主体性与自主权。他们可以随时调整自己的科研进度与科研方向，能够有充分的时间细细打磨，沉潜思考，使自己的成果臻于完善，而不必追赶什么工期或敷衍塞责、结项了事。

　　"科学有险阻，苦战能过关。"陆埮他们三人的业余科研取得了丰硕的成果，研究的方向也十分多元，并不局限于某一点。但当他们瞄准某一个科研领域的时候，便会集中注意力来进行攻关，坚决避免那种"吃着碗里的，望着锅里的"不良倾向。脚踏实地，扎扎实实，一个问题没有攻克之前绝不收兵。他们对"层子模型"这一重大理论问题所进行的研究，就充分地体现了这一点。

　　1965 年至 1966 年，层子模型讨论会在北京原子能所召开。当时原子能所从全国各地邀请了一些专家学者来参加讨论会，因为业余科研小组曾经发表过几篇专业近似的科学论文，罗辽复作为小组代表参加了这场讨论会。会议甫一结束，罗辽复就把会上的讨论情况以及相关科研动态写信寄给了陆埈和杨国琛，三个人都深深地被"层子模型"这一重要问题所吸引，决心将科研的注意力转移到这个问题上面来。根据微观领域的夸克模型，重子和介子的质量之间存在某种比例关系，陆埈在此基础上提出，可以用概率图像来表示夸克相互作用的大小。随后，三人通过大量的计算得到了重子和介子之间的质量比例关系，写出了四篇讨论层子模型的重要论文，在科研界引起不小的轰动。又经过一段时间的研究与积累，1968 年，陆埈执笔撰写了论文《基本粒子的质量关系和层子相互作用》。该论文后来在 1974 年发表在《物理学报》复刊后的第一期上，并成为这一领域的扛鼎之作。

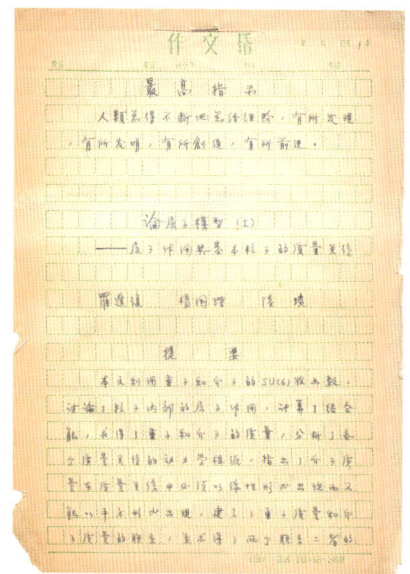

20 世纪 60 年代末，陆埈、罗辽复、杨国琛三人写作的"论层子模型"手稿（1）

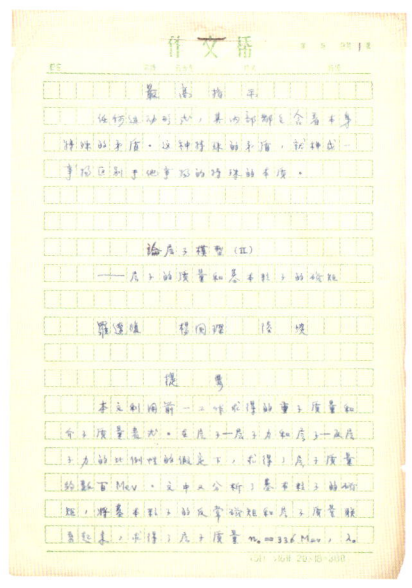

20 世纪 60 年代末，陆埈、罗辽复、杨国琛三人写作的"论层子模型"手稿（2）

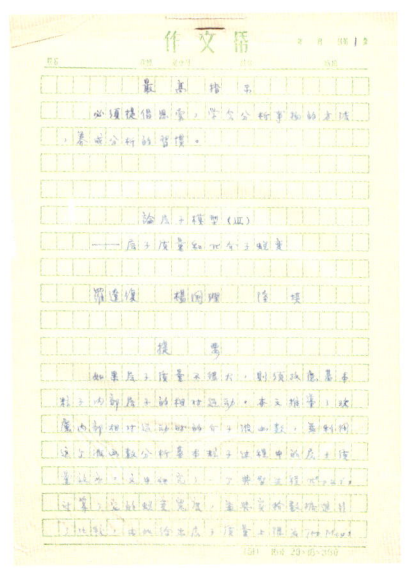

20 世纪 60 年代末，陆埮、罗辽复、杨国琛三人写作的"论层子模型"手稿（3）

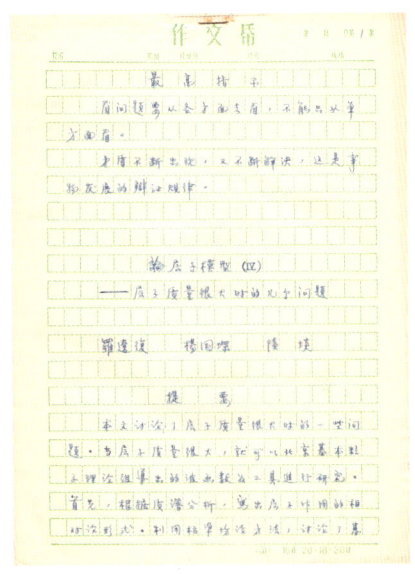

20 世纪 60 年代末，陆埮、罗辽复、杨国琛三人写作的"论层子模型"手稿（4）

　　勤奋和坚持是取得成功的两个必备要素。能够做到勤奋，就能拥有大量的时间来做有用的事情，使自己的事业取得突飞猛进的发展。能够做到坚持，突飞猛进的发展势头就能保持下来，积土成山，积水成渊，最终蔚为大观。勤奋和坚持就如同鸟之双翼、车之两轮，它们相互促进，相互依赖，缺一不可。明末清初的大思想家顾炎武著有一本《日知录》，通过这本书的完成过程，我们就可以窥见勤奋和坚持之间的密切关系。顾炎武每天都要阅读大量的书籍，但他不轻易下笔。他认为，著书立说必须别出心裁，不能陷入古人的陈词滥调之中，要有自己独特的见解和发现。他每天就记下一到两条读书笔记，有些时候甚至一条都没有，如此坚持了几十年。最后，他才把这些读书笔记汇聚在一起，经过反复地删改和提炼，去除了其中并不那么出彩的观点，最终汇聚成册，成就了《日知录》。如果没有勤奋，就没有如此多具有学术价值的读书笔记；如果没有坚持，他就无法将这份勤奋持续几十年，最终让这些积累汇聚成中国古代学术研究的经典之作。

陆埮他们三人的情况与顾炎武相似，既勤奋刻苦，夜以继日地进行业余科研，又坚持不懈，数十年如一日地写信沟通。勤奋和坚持铸就了他们的成功，谱写了他们人生的光辉一页。

书简堪奇异

"时人不识凌云木，直待凌云始道高。"1976 年，那场长达十年的"文化大革命"宣告结束，随后于 1977 年恢复了高考，让无数渴望知识的青年看到了希望。国家对内改革，对外开放，开始实行改革开放政策。这一切如同春风吹化了冰冻已久的霜雪，万物开始复苏，各项事业都摆脱了旧有的桎梏，开始步入正轨。那时，陆埮仍然在南京电讯仪器厂从事仪器发展信息调研的工作，他因长期以来在工作中的出色表现，当选为第五届全国人民代表大会代表（简称"人大代表"），并于 1978 年 2 月 26 日至 3 月 5 日出席了在北京召开的第五届全国人民代表大会第一次全体会议。在他调入南京大学之

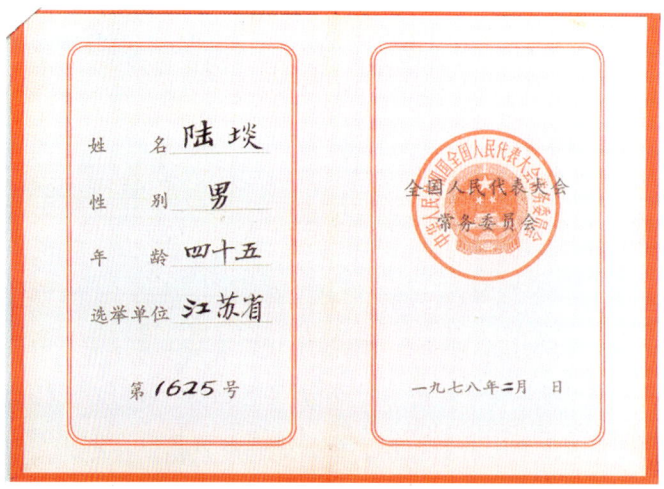

陆埮当选为第五届全国人民代表大会代表

后，他又连续当选为第六届、第七届全国人大代表。从 1978 年开始，一直到 1992 年，陆埮每年都要到北京开会，前后共出席了 15 次一年一度的全国人大全体会议，见证了国家的发展与变革，也为国家的繁荣与富强贡献了自己的智慧和力量。

　　1978 年 3 月 18 日至 3 月 31 日，具有划时代意义的全国科学大会在北京召开。邓小平在会上发表了重要讲话，言辞铿锵，掷地有声，提出"知识分子是工人阶级的一部分"等划时代论断。他强调："正确认识科学技术是生产力，正确认识为社会主义服务的脑力劳动者是劳动人民的一部分，这对于迅速发展我们的科学事业有极其密切的关系。"同时，时任中国科学院院长的郭沫若为大会做了题为《科学的春天》的主题报告，其中的文句震撼人心，像一股又一股的暖流，温暖了全国科学技术工作者饱经风霜的心灵。"我们民族历史上最灿烂的春天到来了。我是上一个世纪出生的人，能参加这样的盛会，百感交集，思绪万千。春分刚刚过去，清明即将到来，'日出江花红胜火，春来江水绿如蓝'。这是革命的春天，这是人民的春天，这是科学的春天。让我们张开双臂，热烈地拥抱这个春天吧。"郭沫若用饱满的热情、富含诗意的语言、真挚感人的情感书写了这篇时代的雄文，吹响了一个春天的号角。此次大会，犹如一把钥匙，打开了长期束缚科学技术发展的沉重枷锁。陆埮作为南京市代表，罗辽复作为内蒙古大学的代表，两人一同参加了全国科学大会。此时，他们已不再是青春年少的模样，鬓发染霜，但心志依旧如昔。全国科学大会为了表彰在科学技术工作中做出重大贡献的先进工作者和先进集体，特别安排了一个颁发奖状的环节。陆埮和罗辽复凭借在"基本粒子理论研究"这一课题上做出的突出贡献，荣获了"全国先进科技工作者"的称号。同时该理论具有重大的应用推广价值，填补了我国理论物理研究上的一个空白，该课题因此获得全国科学大会"重大科技成果奖"。

　　科学的春风吹拂着神州大地，一个又一个令人钦佩的科研工作者形象走进了人们的视野。当时著名作家徐迟的报告文学《哥德巴赫猜想》用深情的笔触记述了数学家陈景润在物质极度匮乏的条件下，独自躲在锅炉房内，心无旁骛地攻克世界性的数学难题。虽然陈景润因政治问题而受到了不公正的待遇，工资被停发，行动自由受到限制，但他忍辱负重，住在锅炉房阴冷潮湿的角落，仍然笔耕不辍，夜以继日地进行着复杂的演算，演算用过的稿纸堆成了一座小山。平凡创造了伟大，腐朽化作了神奇。在最简陋的条件下，陈景润度过了漫长的日与夜，迸发出了最惊人的智慧火花，一心攻克最复杂的难题。陈景润的故事以报告文学的方式为人们所熟知，他的事迹感动了无数的人，也激励了无数的人。他成为中国科学界默默无闻、艰苦奋斗的一个卓越代表。

无独有偶，在全国科学大会期间，当代著名诗人、作家柯岩专程来到陆埮和罗辽复下榻的北京友谊宾馆，对他们进行了深入细致的采访，最后根据收集到的素材和采访记录，写成了一篇名为《奇异的书简》的报告文学。这篇报告文学篇幅长达十多页，当年四月就被发表在《人民文学》杂志上，不久之后，因为要编写一本名为《科学的春天》的报告文学文集，这篇报告文学又被收录其中。

柯岩的文字细腻而深沉，她善于捕捉人们心中最朴素的感情和最普遍的事物，然后运用巧妙的艺术构思，将语言的珍珠串联成完整的文章。在这篇报告文学中，柯岩以文学家的感性和诗一样的语言，生动而细微地描绘了陆埮、罗辽复、杨国琛——北京大学的同班同学——如何用书信的方式开展业余科研的感人情景。

三千多封通信，几千个日日夜夜，一段艰苦卓绝、刻骨铭心的岁月，在柯岩行云流水般的笔触下，形象生动地展现在我们面前。他们的业余科研开始得很早，研究的课题也十分多元，可以说是时代风尚的引领者。在"文化大革命"开始之后，杨国琛因为主客观上的某些原因，退出了科研小组。陆埮和罗辽复也受到了冲击，背负上了各种各样奇奇怪怪的罪名，但是陆埮不向命运低头，仍然利用每天晚上的休息时间继续与罗辽复进行着科学研究合作。

看似寻常最奇崛，成如容易却艰辛。柯岩的这篇报告文学文笔流畅，感情真挚，饱含深情地讲述了科研工作者从事研究工作，要克服许多常人难以想象的困难。这些困难不仅是精神上的，还有物质上的，每一篇科研论文都凝结了科研人员的心血和汗水。她由点带面，由个别推广到一般，以最为饱满的热情讴歌了中国知识分子"横眉冷对千夫指，俯首甘为孺子牛"的坚定与决绝；"苟利国家生死以，岂因祸福避趋之"的无私与奉献；"愿得此身长报国，何须生入玉门关"的勇敢与伟烈；"发奋识遍天下字，立志读尽人间书"的志向与情怀。中国的知识分子愿意为国家和民族殚精竭虑，鞠躬尽瘁，死而后已，他们是值得我们尊重和钦佩的群体。

"大哉一诚天下动"，这句话表达了文学家遵奉修辞立其诚的信条，用如椽的巨笔，蘸满饱含真诚与热情的笔墨，写就一篇雄文。这篇文章随即在中央人民广播电台播送，他们三人的事迹传遍了五湖四海、塞北江南，反响十分热烈。柯岩也把这篇文章视为自己的代表作之一，倍加珍视。2005 年，柯岩准备编写一本由 15 篇报告文学作品组成的文集，并由人民文学出版社出版。这本文集的第一篇就是《奇异的书简》，并且直接把篇名作为文集的书名，可见这篇报告文学在柯岩心目中的分量。

"志合者不以山海为远，道乖者不以咫尺为近。故有跋涉而游集，亦或密迩而不接。"志同道合的人会想方设法地保持联系，不会因为距离的问题而彼此疏远，正所谓"海内存知己，天涯若比邻"。对于志不同道不合的人来说，即便相隔只有咫尺之遥，也会感到难以接近，"话不投机半句多"。陆埈他们三个志合者，虽然分散在三地，不容易见面，却长期通过书信的方式，让彼此见字如面，"不以山海为远"。当那一叠又一叠厚厚的信件堆放到柯岩面前时，她感到无比震惊。作为一名文学工作者，自己平时也通过书信的方式与朋友交流，也收到过来自全国各地的信件。在她的常规观念里，信件的内容主要都是文字表述，可以谈一些计划安排、人生理想、生活近况以及琐事闲言。但当她看到陆埈他们三人的信件时，她的固有观念被打破了。信纸上写满了密密麻麻的字迹、各种各样的符号、蜿蜒曲折的公式推导、简笔勾勒的模型图像，这简直不像是通信，而是一封封难以理解的有字天书。

看着雪片般铺满了整个书桌的信，柯岩陷入了沉思，她仿佛看到了三人一起热烈讨论、刻苦攻关的情景。他们三人见面的机会很少，只有当出现了比较棘手的难题，在书信上不能讲清楚，需要面对面进行讨论交流时，才会聚到一起，集中力量，一起攻关，把困扰他们的难题一举解决。无论是在骄阳似火的南京，还是在天寒地冻的内蒙古，他们为了得出一个符合实验现象、理论逻辑推导完整的层子模型，曾多次聚在一起讨论。关于这些基本粒子的研究从未中断，一直念兹在兹。有一次陆埮为了解决在书信上说不清的一些公式，甚至把给孩子买过冬衣服的钱挪作车票费用，乘火车北上到内蒙古，找罗辽复商议讨论。他们所做的一切工作都没有白费，具有极高的价值和突出的意义，为发展我国的高能物理、天体物理、超导物理基础理论研究工作做出了贡献，受到了国内外学术界的关注和好评。

当时他们三人的事迹被广为传播，对当时的许多知识分子产生了重要影响，称之为万里晴空的一声霹雳也不为过。他们的事迹，首先激励人投身于科学研究工作之中，人生要体现自己的价值，就应该不怕千难万险，竭尽全力地为国家和民族的事业做出贡献；其次它告诉人们，在选择自己终身从事的事业时，不能人云亦云，随波逐流，而是应该深思熟虑，把准时代的脉搏，让自己奋斗的汗水与时代的需求同频共振；再者传递给人们一个颠扑不破的规律，"故天将降大任于是人也，必先苦其心志，劳其筋骨，饿其体肤，空乏其身，行拂乱其所为，所以动心忍性，曾益其所不能"，在克服了重重困难，经过了跌宕起伏之后，命运的齿轮一定会转向一个好的方向，自己也会迎来一个光明的未来；最后表达出了一种趋势：科学的春天已经到来了，严酷的寒冬已经永远过去了，人们不必再畏首畏尾，瞻前顾后，而应该收拾好行装，鼓舞好士气，热情地去拥抱这个春天，为祖国和人民再立新功。

陆埮之后的两位学生赵刚和赵永恒分别回忆了《奇异的书简》这篇报告文学带给他们的震撼与鼓励：

"我（赵刚）也是因为看人民文学（出版社）的《奇异的书简》，才知道罗老师和陆老师这件事的。所以对他们俩也非常敬仰。我当时报内蒙古大学也是因为我在中学是个文学爱好者，看到这个受了感染才联系考的那（儿）。《奇异的书简》的两位主人翁作为我进入科学殿堂的导师，我觉得很荣幸。"

"我（赵永恒）自己在向陆老师学习，如果有机会也希望能做到像他那个样子，最早看到科学大会上的《奇异的书简》报告文学，就讲到陆老师和罗老师通信搞科研，对我们有很大的激励和榜样的那种感觉，我们回头看，包括我们自己在做的时候，努力向陆老师学习，想追随他的脚步，我们可能还做不到，但是作为榜样总是想做得更好一些。"

世有非常之人，然后有非常之功。奇异的书简之所以奇特，在于其中有奇人，而奇人所做之事，并非件件都是奇事，实则多为一些平凡之事。平凡见伟大，困苦见多情。做事不难，难在每天都做相同的事。"苟有恒，何必三更眠五更起；最无益，莫过一日曝十日寒。"假如一个人有恒心的话，只需要每天坚持在一件事上投入必需的时间，而不必熬更守夜，通宵达旦。最没有益处的事情，莫过于三天打鱼，两天晒网，一会儿心血来潮，大干快干，一会儿又情绪低沉，置之不理。陆埮他们几人给我们的启示，具有永恒的意义。

第二章　勇易途辙岂墨守

戴公识良才

"世有伯乐，然后有千里马。千里马常有，而伯乐不常有。"南京大学的戴文赛教授可以说是陆埮的伯乐，他慧眼识珠，早早地发现了陆埮非凡的科研才能，并对其提携有加。陆埮夫妇最后能够调入南京大学任教，与戴先生的竭力推荐和大力支持是分不开的。

戴文赛教授是我国著名的天文学家、天文教育家，也是天文教育事业的奠基人之一。在常规的空间概念之外，他提出了"宇观"这一新概念，并系统地阐释了微观、宏观、宇观三个不同层面之间的差别和联系，开创并推动了中国天文学哲学领域中对宇观过程的特征和规律的深入研究。他桃李满天下，为国家的天文学界培养了大量的杰出人才。

戴文赛教授是当时天文学界的领军人物。一次，他在查阅天文学最新科研成果时，看到几篇很有分量的文章，一看论文作者的通信单位，居然是南京电讯仪器厂，这让他感到十分吃惊。他就住在南京，南京天文学界的人他都认识，却从来没听过陆埮这个名字，他决定亲自去一探究竟。南京电讯仪器厂离戴文赛教授的住所不是太远，戴教授经过一番询问和查找，终于找到了这

戴文赛教授

位叫陆埮的作者，与之攀谈，发现他有很深厚的理论功底，并且对科研有着执着的信念，不觉生出一种"后生可畏，焉知来者之不如今"的感叹。戴教授从此结识了陆埮，在深入地了解陆埮的求学经历、科研历程、生活状况、志向所在、人格品质等后，更是对陆埮赞叹不已，将其视为忘年之交，来往甚密。

　　戴教授爱才心切，抓住各种机会把陆埮这棵好苗子推荐给学术界，让陆埮能够多与学界同行交流切磋，增长见识，拓宽思路，提升能力。陆埮当时虽然还是南京电讯仪器厂的一名技术人员，但由于长期从事业余科研，已经在相关的权威杂志上发表过不少论文，再加上戴教授的鼎力推荐，很快就有许多高校邀请陆埮到学校举办讲座，讲解基本粒子物理方面的内容，分享自己的求学与科研经历。自 1975 年以来，陆埮就先后受邀为南京紫金山天文台、南京大学、上海师范大学、复旦大学等科研机构与学校讲解基本粒子物理。陆埮一时间也成了江浙沪一带天文学界人尽皆知的人物。

　　戴文赛教授对后辈学者极尽关心、爱护、提携之能事，这令陆埮感动不已，使他常常回忆起与戴教授交往的不少往事。陆埮每每在学生面前讲述他和戴教授交往的故事时，都会讲起科学史上的一则轶闻：丹麦的物理学家玻尔是诺贝尔奖获得者，也是原子物理学这门学科的开山祖师，以他为核心，还建立了一个哥本哈根学派。这个学派人才辈出，具有世界性的影响力。有一次，玻尔应邀去苏联讲学，在演讲结束后的提问环节，玻尔被问到："作为哥本哈根学派的核心人物，你是如何把那么多才华横溢的年轻人团结在自己身边的呢？"玻尔略微沉思了一下，回答说："因为我不怕在年轻人面前承认自己知识的不足，不怕承认自己是傻瓜。"当时担任翻译的是利夫希茨，他是苏联知名物理学家列夫·达维多维奇·朗道的学生，他阴差阳错地把玻尔的话翻译成了"我不怕青年人是傻瓜"。同样一句话，经过翻译，却表达出了相反的意思。后来苏联科学院院士卡皮察不无感慨地说道："利夫希茨一语之差，恰恰点出了玻尔学派和苏联的朗道学派的不同特征。"从玻尔的话中我们可以看出，他希望"青出于蓝而胜于蓝"，想让自己的学生超过自己，而且他在学生面前也不以权威自居，承认自己也有知识的盲点，自己也有许多不足之处。而朗道学派却恰恰相反，把学生视作受教育的对象，认为学生无论是在知识层面，还是在阅历层面，都不如自己的老师。没有老师的指引，学生很难做出成就。将两个学派的观点进行比较，我们就不难对两个学派以后各自的发展做出预测，而且这种预测还是十分准确的。中国唐代的大文学家韩愈在《师说》一文中就已向我们明白地阐述了师生之间的关系："闻道有先后，术业有专攻。是故弟子不必不如师，师不必贤于弟子。"教学应该相长，后生可畏也没什么不好。

　　1978 年，陆埮和周精玉都被调入了南京大学，根据他们各自的大学所学专业和学术所长，陆埮被分配到天文系任教，周精玉则被分配到化学系任教。当年 4 月，46 岁的陆埮到南京大学天文系注册报到，开始担任天文系天体物理研究室教员。往昔多少岁月，都已不堪回首，经过了百折千难、险阻坎坷，陆埮终于重返大学校园，恢复了有规律的大学教学和科研生涯。南京大学天文系的学术水平位居国内前列，学术研究的氛围十分浓厚，陆埮在这里如鱼得水，有一种"好风凭借力，送我上青云"的满足与自得。他的业余科研生涯也画上了句号，从此开始了专业的科研工作。先进的设备、丰富的图书资料、充裕的科研经费、安定的校园生活、可以一起交流的良师益友，南京大学的环境给陆埮提供了大展身手的舞台，使他可以毫无顾虑、光明正大地从事科研工作，真可谓是"海阔凭鱼跃，天高任鸟飞"。

　　戴文赛教授对陆埮的赏识，给予陆埮很大的帮助，甚至影响了陆埮的人生轨迹。戴教授可谓是陆埮生命中的贵人和人生的伯乐。人的一生会遇到很多贵人，有了贵人的帮助和提携，人生的道路会顺当很多，甚至会发生翻天覆地的变化。相对应的，贵人与自己的关系也是双向的，自己若非千里马，就算遇到伯乐也没有用。只有自己练就一身过硬的本领，在关键的时候才拿得出来，否则再好的机遇也会失之交臂。

先秦时代的商鞅有着一肚子的才学，却无人赏识。他游历了许多国家，但那些国家的君主都对他的那套学说不感兴趣，认为他只是个纸上谈兵的谋士罢了。当商鞅游历到秦国，见到了秦国当时的君主秦孝公。商鞅初次给秦孝公讲王道，秦孝公不感兴趣，听得昏昏欲睡。商鞅又给秦孝公讲霸道，秦孝公一下就来了精神，与商鞅谈论了三天三夜，然后直接任命商鞅为秦国的左庶长，让他主持改革，帮助秦国富强。商鞅与秦孝公两个人惺惺相惜，秦孝公赏识商鞅的治国谋略与强国手段，商鞅感激秦孝公的真诚相待，二人将"士为知己者死，女为悦己者容"这句话阐释得淋漓尽致。

自古以来，伯乐想要找到值得培养的千里马，千里马希望遇到伯乐，二者一旦相遇，便是人间奇缘，必定会干出一番不同寻常的大事。

南大桃李芳

陆埮被调入南京大学天文系工作后，重新走上了三尺讲台，开始了新的教学与科研生涯。

1978 年 10 月 13 日，陆埮晋升为副教授，从事高能天体物理和宇宙学领域的教学和科研工作。他的科研工作开始受到国家科学研究经费的支持，课题也被立项为重大项目。1979 年，他开始担任南京大学天体物理研究室主任。1981 年 6 月，陆埮担任副教授期满，经学校评估考核同意，由江苏省人民政府审批通过，陆埮被晋升为教授。1982 年，陆埮培养学生的层次已经不再仅限于本科生，获得了培养研究生的资格，开始招收第一批硕士研究生。1984 年 1 月，陆埮晋升为博士生导师，获得了培养天文学博士的资格。1985 年，陆埮正式开始招收博士研究生，并对他们寄予厚望，想把他们培养成自己的学术接班人，并在此基础上，建立起兴趣和目标相近的研究团队，以便于齐心协力地合作攻关。陆埮的研究方向也开始向高能天体物理领域集中，对伽马暴、奇异星、脉冲星、中子星等方面尤为关注，他的研究层次分明，逐步深入，不断拓展着科学的边界。

20 世纪 80 年代陆埮在南京大学与他的第一批硕士研究生进行交流

　　陆埮在调入南京大学天文系后，主要负责三方面的工作：第一自然是上课教学，第二是开展科学研究，第三是担任研究生导师，培养天文学领域的高级人才。

　　在教学方面，陆埮有着丰富的经验和先进的教学理念，自 1958 年 8 月走上哈军工的讲台起，除去那段不平静的特殊岁月和在工厂工作的那段经历，他一直都处在教育的第一线，称得上是一名老教师了。陆埮历年讲授过的课程涵盖了原子核物理、力学、近代物理、宇宙学、粒子物理等多个方面，从这里也可以看出陆埮拥有扎实的物理学基础知识。凡属于物理大类的课程，他来者不拒，通通能讲。除了在教室里上的常规课程，陆埮还会和研究生一起讨论专题报告，一般都是陆埮根据学科的前沿进展和学术史上的经典问题给出几个题目，让研究生们去查找资料、独立思考、集体讨论、撰写专题报告、准备发言提纲，最后到陆埙处汇报最终的研究结果。陆埙也会根据报告中涉及的问题给出许多新的看法，并指出他们在研究过程中的一些不足之处，做得好的地方也加以表扬。他始终实事求是地对待学生，不虚美，不隐恶。陆埙十分认同"教学相长"的观点，他认为，学生在学习过程中提出自己的疑惑，教师就要负责解答，同时这在客观上为教师提供了许多思考的切入点，有助于教师从一些司空见惯的地方得到一些新观点、新角度、新论证。在这种双向的知识交流中，师生一起进步，共同成长。"学然后知不足，教然后知困。"一个不学习的人永远不知道自己知识的匮乏，总是孤芳自赏，顾影自怜。只有通过学习，才能了解到知识海洋的广阔以及自身的局限，才能做到永不止步、终身学习。而当一个人从事教学工作时，就必须把复杂的知识用浅显的语言表述出来，做到深入浅出，化抽象为具体。这就对教师提出了更高的要求，需要教师全面深入地掌握课本上的知识体系及其相关背景，这样才能不被学生问倒。从这个角度来说，教师也必须是一个终身学习者。陆埙所提倡的这种师生互动、积极讨论、独立思考、系统表达的教学方式，对今天的教育工作者来说，仍然具有深刻的启发意义。

　　在科研方面，陆埙调入南京大学天文系后，开始从更宏观的层面来思考科研，结合各领域的发展水平来对物理学各分支的前景做出预测。经过不懈的努力，他成功完成了科研方向的重大转向。此后，陆埙全身心地扑在了高能天体物理、致密星、中子星等方面的工作上，探求神秘的宇宙起源问题及其后续的系列演化，尤其重视新兴的伽马暴研究，将此视为工作的重中之重。当别人问他："科研的道路无比漫长且困难重重，您是如何几十年如一日地坚持下来的呢？"陆埙只是用"勤奋"和"坚持"这两个词来回复。通过陆埙的一系列经历，我们可以得到这样的启示：一个人既然选择了艰难的道路，就要承担走艰难道路所带来的一系列后果，无论这些后果是好是坏。大多数人的评价和眼光都是平凡且无波澜的，陆埙选择逆流而行，但这自然要消耗更多的心力，投入更大的力量。即便竭尽全力都无法达到目标，也能无怨无悔，因为这样的努力值得所有人的尊重，无人能嘲笑和讥讽。

"善歌者，使人继其声。善教者，使人继其志。"一个擅长歌唱的人，最希望别人能够学习继承的，就是自己美妙的歌喉。一个善于教育的人，不在于教会学生多少具体的知识，而在于要让学生继承自己的志向，让师徒之间有传承，信仰和追求能够得以传递。在培养研究生方面，陆埮不负众望。他像蜡烛一样，燃烧自己，照亮别人，甘为人梯，无私奉献，为祖国和人民培养了一大批天文学界的科研、教学以及管理方面的优秀人才。这些优秀人才中，既有教育部长江学者特聘教授、国内外知名学者、教授，也有"国家杰出青年科学基金"获得者。当科研道路确定以后，人才就是决定性因素。陆埮的学生们不仅继承了他的志向，还创建了享誉国内外的南京伽马射线暴团队，将陆埮开启的伽马射线暴研究发扬光大。"筚路蓝缕，以启山林。"陆埮通过艰难的创业，逐渐打开了一个新的研究局面，使得我国的高能天体物理研究从无到有，由小变大，由弱变强，最终由小溪汇聚成了江海，在国际学术界占据了一席之地。

陆埮在 1982 年开始招收第一批硕士研究生，当时的硕士录取名额很少，优中选优，必须是极其优秀的学生才能考上。第一批硕士生共 3 名，分别是王青德、左林、惠小惠，后来还补充录取了王仲翔、王阳生等人。

在这些研究生当中，王青德的经历尤为坎坷，也最具有传奇色彩。王青德没有读过大学，就更谈不上接受系统的学科教育了，但他以同等学力考生的身份参加了南京大学的研究生考试，并且考得很好，成绩超过了很多正规大学的本科生。但他深知自己的基础不够扎实，相关学科知识十分欠缺，已有的知识也是散乱无序，不成体系，要想追赶上同门的脚步，还得下一番苦功夫。因此，王青德总是专心致志地学习硕士生的各门必修功课，而且很早就在为自己的硕士学位论文做准备了。除此之外，他还主动去修读了大学本科生的相关课程，并参加了每门课程的考试，相当于他在研究生三年的时间内，同时完成了本科和硕士两个阶段的学业。为了获得老师的指导，每周六，王青德很早就会去食堂吃晚饭，然后步行到陆埮家里，与老师一起讨论论文写作过程中所涉及的问题和自己的一些困惑。陆埮往往会根据王青德现阶段的学术水平和科研方向，给出一些中肯的建议。对于王青德的一些错误认识和观点，他也及时指出，并提供改正的思路。这样的讨论常常持续 6 小时左右，等到王青德告别老师回宿舍时，南京大学天文系旁边的小门已经关上了，他只能绕道而行，兜一个大圈子。凭借自身的刻苦钻研，再加上陆老师的倾囊相授，王青德在学业上取得了巨大的进步，不仅弥补了欠缺的知识，还在此基础上取得了突飞猛进。1984 年，他和陆埮在欧洲的《物理快报 B》（*Physics Letters B*）上合作发表了一篇文章，该文章未采用传统的热力学统计方法，而是从动力学行为角度来思考奇异物质，成为一项开创性工作。不少国际同行都隔着大洋寄来书信，索要该论文的抽印本。这篇文章一直到现在都还受到国内外同行广泛引用，影响十分深远。

对于当时的硕士生来说，能在国际先进水平的权威学术期刊上发表文章，是极为罕见的。鉴于王青德在学业上的突出表现，南京大学特意颁发给他"新星奖"，这是南京大学研究生所能获得的最高荣誉，而且一般只颁发给博士研究生。王青德因其出类拔萃的表现而获此殊荣。王青德、左林、惠小惠三人都是 1982 年入学，1985 年按时毕业。毕业后，三人都被陆埮推荐到美国的高校继续深造，攻读博士学位。其中，王青德选择了美国哥伦比亚大学进行深造，因表现优异，获得了美国首届哈勃博士后奖学金，后来又获得了泛美屈伦普勒奖。

南京大学是一片教育的热土，陆埮和他的学生们在这里既能感受到严肃、紧张的学习氛围，又拥有生动、活泼的生活场景和融洽的师生关系。师生之间心情舒畅，其乐融融，桃李满枝，如沐春风。我们透过现象看本质，南京大学这样一种师生和谐的局面，与学校的精神底蕴是分不开的，而这种底蕴就藏在南大的校歌之中：

"大哉一诚天下动，如鼎三足兮，曰知、曰仁、曰勇。千圣会归兮，集成于孔。下开万代旁万方兮，一趋兮同。踔海西上兮，江东；巍峨北极兮，金城之中。天开教泽兮，吾道无穷；吾愿无穷兮，如日方暾。"

"一诚天下动"意指怀揣一颗诚挚之心，诚心诚意地对待万事万物，那么就算走遍天下都无所畏惧。常言道："以诚感人者，人亦诚而应。"陆埮师生之间以真诚相待，口中所言便是心中所想，坦诚而无杂念，互相信任，绝无其他非分之想。"千圣会归兮，集成于孔"，就是以孔子倡导的儒家学说为人生信条。为师者，对学生有教无类，因材施教，"夫子循循然善诱人，博我以文，约我以礼，欲罢不能"。为徒者，对老师则尊敬有加，执弟子之礼甚恭，不该说的话不说，不该做的事不做，视听言动都合乎一个"礼"字。"天开教泽兮，吾道无穷"，说的是教育事业是上天的恩赐，应当一起努力，使之日臻完善，最终止于至善。教师应该把教育放在第一位，用心经营，努力钻研，使自己不负期待，不负韶华。学生则应该把接受教育视为自己人生中的至高使命，通过教育完善自身，习得技能，展现出人之所以为人的主体性价值。

南京大学的精神底蕴就像大江大河，陆埮和学生们就像游弋其中的鱼儿，只有当江河奔腾不息、水质清澈、活力无限时，鱼儿才能在其中畅快地休养生息，自得其乐。

这所历史悠久、底蕴深厚的高等学府为陆埮提供了一个优质的教学和科研平台，使他能够更加坚定地实现心中的梦想，成果斐然，桃李满园。在陆埮调入南京大学天文系的那段时间，南京大学中文系也迎来了一位重量级人物——程千帆教授，他原来在武汉大学工作。程千帆的文学研究功底深厚，特别是在古代文学研究方面成绩突出，当属中国的一流人才。在他的努力推动与建设下，南京大学古代文学专业的研究水平步入国内前列，他培养的许多硕士、博士研究生接过他的学术衣钵，并发扬光大。程千帆在晚年给弟子们的寄语中深情地写道："千帆晚年讲学南大，甚慰平生。虽略有著述，微不足道，但所精心培养学生数人，极为优秀，乃国家之宝贵财富。望在我身后，仍能恪守敬业、乐群、勤奋、谦虚之教，不坠宗风。"

陆埮和程千帆的经历是何等相似，南京大学成了他们人生最重要的一站，可以"甚慰平生"了。

顺时微转宏

"天下大势，浩浩荡荡。顺之者昌，逆之者亡。"20世纪六七十年代，国际上粒子物理的发展气势如虹、一日千里，传统意义上的弱相互作用和强子结构物理领域新见迭出，发展迅猛，弱相互作用与电磁相互作用两大理论领域也实现了统一。同时，一直处在发展阶段、还比较模糊的粒子物理标准模型也得到了确立。总之，粒子物理的研究已经达到了一个前所未有的高潮。然而，根据自然事物发展的规律，某个领域经过长期的发展、积累、突破后，最终会达到顶峰。物极必衰，月满则亏，事物的发展达到高潮之后便会开始走下坡路，这种客观规律是不以人的主观意愿为转移的。等到中国实行改革开放政策时，粒子物理领域的研究热潮已然褪去，国际物理研究的热点已经发生了转移。

1978年，柯岩的报告文学《奇异的书简》通过中央人民广播电台传遍祖国的大江南北，陆埮三人的事迹在街头巷尾引起轰动，全国的知识分子因他们的事迹而深受鼓舞。但在这个时候，他们三人却已敏锐地察觉到了科研重心调整和方向转变势在必行。

粒子物理经过长期的发展，一般性的问题都已经得到了解决，各种解释性的理论已经相当完善了，标准的理论模型也已经建构完毕。但在做粒子物理的相关实验时，高能实验的周期越来越长，实验资料的积累越来越困难，理论的非实证性推测成分也越来越多。早在 1977 年，罗辽复参加黄山基本粒子学术讨论会时，便听到杨振宁提及 "Party is over"，暗示基本粒子的"盛宴"已接近尾声。陆埮在写给罗辽复和杨国琛的信中，全面而深刻地阐述了理论物理所面临的困难，提出了科研转向的问题，并详尽地列举了具有可行性的转变方向。

"……目标，愚意以为应当选择如下三种类型的课题作为我们科研的主攻目标：（i）具有根本性意义的课题。（ii）效益显著的新现象，不论是预言这种现象，还是研究刚发现的这种现象均可。（iii）具有广泛应用价值的课题。但是，无论哪一种，均应要求能在实验上短期见效，避免做那些长时间既不能证明，又不能否定的课题。孙子辈才能检验的课题让孙子辈去做，现在要特别强调'短期见效'这四个字。"陆埮给出了可供选择的三种科研类型，即具有前瞻性和概括性。他认为一个科研课题要具有长久的生命力，就必须具有基础性、根本性的意义，就比如牛顿的三大定律是整个经典物理学的基石，后来辉煌无比的"物理大厦"都是在此基础上建成的。他在科研课题的选择上，强调与时俱进，必须紧跟学科发展的前沿，目光要盯在那些新现象上。而且他强调，科学研究并不是把理论完善，让其能够逻辑自洽就完事了，还要能够推广应用，让理论与实践相结合，让科研成果助力民族和国家的发展。陆埮迫切地想要做出科研成果，并使之服务于社会主义建设大局，所以他在选题时特别强调"短期见效"。

"选做比较实在的课题，而不要做玄妙的不实在的课题，力求利用完全可靠的理论或者根据完全可靠的实验数据来工作。一句话，宁做'素描'，不搞'雕龙'。"陆埮从不好高骛远，而是脚踏实地，一步一个脚印，踏踏实实地做一些看得见、摸得着的工作。他追求的科学研究是一种简单而纯粹的科学，而不是花里胡哨的"雕龙"之作。

"基本粒子物理还是要搞的，但必须注意，基本物理的高度探索性、玄妙课题、不实在课题比比皆是。一个'理论'接着一个'理论'，一个'模型'接着一个'模型'，如果跟着基本的这些'理论''模型'去搞，收效是不会大的。有的课题完成了，还说不出成果是什么，成果，那是要真正的成果，实在的成果，经得起实验检验的成果。"陆埮仍然肯定基本粒子物理的重要价值，认为这个领域还是可以有所作为的。但他对那些抽象的、天马行空般的、具有悬想色彩的理论和模型持一种怀疑的态度。以后的科研主攻方向，他主张一定要选择做得出实在成果的，这些实在的成果还要经得起实验的检验。

"在真空里打圈圈之类的课题，我实不信，当然这是一个信不信的问题，而不是一个判断。说实在的，无论国外或者国内，许许多多奇妙的想法中，有几个是成功的？我看'上帝（nature）'是平凡的，朴素的，万花筒中是找不到他的。"陆埮眼中的自然界是朴素而简单的，自然界的规律也必然以一种简洁的形式呈现出来。然而，许多人喜欢把这种简单复杂化，总是去追求一些精巧的理论模型和繁复的理论形式，这种科研思路在陆埮看来，是一种舍近求远的误解。

"Fermi（费米）曾对他的夫人说，他打算 40 岁退休，因为物理学家在 40 岁以后获得成就简直是不可能的。但是就是 Fermi，他的一生中最重大的成就，恰恰是在 40 岁以后，在 41 岁时获得的，那时他开动了第一台核反应堆，尽管他在 37 岁时已经获得了 Nobel（诺贝尔奖）奖金。我看，Fermi 的每一件工作几乎件件都是很实在的，他的科研的命中率是极高的，值得注意。"陆埮在信中举费米的例子是想说明，人生是具有无限可能的，并不会因为年龄的原因而被限制，只要选对了努力的方向，一直走下去，终会拨开云雾见月明。

"由于基子物理科研的探索性很强，命中率极低，因此，我还希望在基本以外再搞些更为实在一些的课题，什么课题为好？请二老[1]仔细讨论。当然，基子物理方面，我们也应力求做那些实在一些的课题，总不能搞了好些时候，竟挑不出一件落实了的工作来！这是规划今后科研方向所必须特别强

1　二老指罗辽复和杨国琛二人。

调的。"陆埮搞科研是脚踏实地的，他总的思路是要"一捆一掌血，一鞭一条痕"，科研最后都要拿出东西来，拿不出东西的话，不仅有浪费科研经费的嫌疑，也对不起自己宝贵的时间投入。

"为了力求拿到实在的成果，必须在选题上下大功夫，我们的时间不多，必须毫不可惜地弃去那些不太实在的课题，才能争取为实在的课题腾出工夫来。"陆埮的时间观念很强，他知道人的一生时间有限，不能有任何的浪费。在他看来，浪费自己的时间，无异于慢性自杀。好的开头是成功的一半，陆埮极为重视课题的选择，选好了课题，就等于把握住了发展的方向，剩下的就是埋头苦干了。如果方向错了，辛辛苦苦干了半天，结果可能却是竹篮打水一场空。

"大的方面往往容易一致，但在具体问题上的判断又往往不同，自然也不奇怪，多多讨论也许有益。总之，我想表达的是求实的迫切心情。""当然说百句不如做一事，在实在的课题上工作，重要的也在做，不在说。由于手头的工作安排，集中展开新课题的科研大概要到明年的某个时候，目前还只能做些尽量的工作和准备。"陆埮在信中提出了大的科研选择方向，并表示具体的细则还需要与其他两个人商议。他知道"行远必自迩，登高必自卑"，说得再好都不如动手去做。灵感只是种子，实干才是肥料。

科研转向的决心既已下定，陆埮还想为自己的粒子物理研究画上一个完美的句号。1978 年，他在给罗辽复的一封信中提到，他计划写一本关于基本粒子方面的科普书籍，并已经拟好了一个长达 9 个章节的详细提纲，还邀请罗辽复一起编写这本书。陆埮希望通过这本关于基本粒子的科普书，向社会介绍基本粒子的相关概念，这不仅有利于提升全社会的科学素养水平，也是对自己一段科研岁月的见证与纪念。正如歌曲《今山古道》中所唱："那个前人种树，后人乘凉，饮水得思源哟。山呀山哟绵延不断，今山载古道哟。悠悠闻风藏名山呀，咱们步步高升哟。看风物博呀典范佳哟，先贤心恤多。那个前人种树，后人乘凉，古道照颜色呦。"陆埮愿意做这个"前人"，将撰写科普书籍视为"种树"，好让后来人更方便地获取知识，并利用知识来实现人生的梦想。

从罗辽复后来的回忆中，我们也可以看出陆埈对于粒子物理研究的不舍，以及他科普书籍的写作初衷：

> "这本书陆埈是花了好多工夫的。他是拉着我一块写，我觉得他花的工夫多。我也出过一些主意，有些片段、章节我也帮着写了。这个情况是这样的，这个年代大概是我们已经开始考虑转行的时候了，是在 1978 年庐山会议以后。在要转行的时候，我们还有讨论粒子物理的事情。陆埈对粒子物理的兴趣一直是很浓的，我们只是觉得这方面的工作很难做下去，做一些有创新性的东西很难了，但对这个领域的兴趣一直是存在的。特别是讨论粒子物理这些年有什么重要成就，得过多少诺贝尔奖，他们是怎么做的，这些谈起来大家还是觉得非常有意思的。尽管要离别了，但对这方面的科学工作也还是很有兴趣。这是一个动机，我们想写一点东西留下来。另外我觉得陆埈对科普还是非常热心的，他比我热心。如果让我花上那么长的时间，写一本关于基本粒子的书，我可能写得比他快。我动作会很快，很快就能把它写完，但是我比较草率。"[1]

万事有为应有尽，此身无我自无穷。天下没有不散的筵席，纵使陆埈对基本粒子的研究有些依依不舍，但也必须顺势而动，改变科研方向，这样才能做出更大的成绩。他不想像徐志摩告别康桥一样，"悄悄地我走了，正如我悄悄地来"，他要留下一段岁月来见证自己的科研人生，这也就是他写作科普书籍的动力源泉。

后来的事实证明，陆埈的转型是极为成功的，为自己开辟了一个更加广阔的科研天地，同时也延长了自己的学术生命，使自己能够大有作为，

1　根据罗辽复、杨国琛的口述资料整理，内容略有删改。

创造出更多的科研成果。对许多人来说，转型并不是那么轻松，甚至是痛苦的，转型后的前景也是未知的，不一定那么光明顺遂。人或多或少都有路径依赖，在做事情的时候长期使用一种策略，采用一种思维，而不愿意做出改变，打破自己固有的办事模式。这种"不惜以今日之我难昨日之我"的勇气是难能可贵的。"胜人者有力，自胜者强"，能够战胜别人的人，应该说是具有一定能力的，但只有能够战胜自己的人，才能被称作生活中真正的强者。

清代的龚自珍是一名学问大家，他原来专研古文经学，也就是文字、语音、训诂一类的学问，并在这个领域做出了巨大的成绩，赢得了时人的广泛赞誉。龚自珍生活在清嘉庆、道光年间，正值清王朝由盛转衰之际。他眼见朝廷腐败、民不聊生，深感自己的学问无法经世致用，就算成为这个领域的第一流学者，也只是敝帚自珍、孤芳自赏罢了。于是，他放弃了古文经学，转而开始学习倡导社会改革的今文经学。他有一首杂诗，生动完整地体现了这段学问转向的经历："昨日相逢刘礼部，高言大句快无加。从君烧尽虫鱼学，甘作东京卖饼家。""虫鱼学"指的是古文经学，"卖饼家"指的是今文经学。龚自珍学术转向的内在动机是要为社会改革提供理论支持，"言之无文，行而不远"，这个"文"便是理论。概言之，龚自珍的学术转向并非为了自己，事实上，他造诣很深，再加以努力，便可能成为一代宗师。但他拥有一颗赤诚的报国之心，为了拯斯民于水火、扶大厦之将倾、挽狂澜于既倒，才选择了转向。学问只为报家国，为济家国勇改辙。

花明又一村

1978 年 5 月，天文学界德高望重的前辈戴文赛教授独具慧眼，通过多方奔走，终于把陆埮调入南京大学天文学系，使得这个长期从事基础研究的杰出人才回到了阔别已久的大学校园，并开始从原来的粒子物理研究转向天体物理研究。"无可奈何花落去，似曾相识燕归来。"粒子物理研究的高潮时期已经无可挽回地逝去了，这对于贵在创新的基础科学研究来说，是一个致命的挑战。有不少人改弦更张，转行到方兴未艾的宇宙学，陆埈也依依不舍地告别了辛苦耕耘几十年的粒子物理领域，转向了刚刚步入实证化发展阶段、理论建设尚未完备、尚大有可为的天体物理领域。涉足陌生的天体物理领域，最妙的法门莫过于找到它与熟知的粒子物理之间的共通之处。譬如，研究宇宙大爆炸后的早期宇宙的宇宙学、高能天体物理及致密星的研究，皆可成为架通新旧两个领域的桥梁。万事开头难，陆埈最终选择了致密星作为研究的突破口，以期取得连点成线、推线成面、旋面成体的效果。他计划通过研究国际上新发现的脉冲星这种典型致密天体的性质，逐渐过渡，循序渐进地实现从物理学到天文学的转变。

1978 年 12 月 10 日，在第七十八届诺贝尔物理学奖颁奖仪式上，苏联科学家卡皮察因发明了一种极有效率的液化装置（可以用于稀有气体氦的液化），与美国科学家彭齐亚斯、威尔逊（因发现宇宙微波背景辐射）共同分享了这一殊荣。前者的"稀有气体液化"属于低温物理领域，而后者的"宇宙微波背景辐射的发现"则属于天体物理领域。实际上，在研究天体物理的过程中，会运用许多低温物理的知识和手段，二者之间有很大一部分重合，这也是他们能够同时获得诺贝尔物理学奖的原因之一。这一消息对刚刚转向天体物理研究领域的陆埈来说无疑是一种莫大的鼓励。

"若待上林花似锦，出门俱是看花人。"我们做事要讲究见微知著，能够对事物的发展规律作出准确且合理的预判，找准事物将来的发展方向，做到既能识近，又能知远。就像到郊外的上林苑去赏花，只有在春天刚刚到来，桃李初绽，游人稀少的时候，才能安安静静地赏花。等到春光灿烂时节，大家都知道了上林苑中有灼灼白李、夭夭红桃，就会扎堆去赏花，如此便会失去赏花的韵味与心态。搞科研也是一样的道理，陆埈在科研转向这件事情上，往往能够见到事物之未发，抓住先机，提前进行谋篇布局，等到大家都见到事物已显现出来，就已经错过了许多发展的机会。

陆堔的同事冯地清曾高度评价陆堔的这次学术转向，认为陆堔能够把握物理学科前沿的发展动向，摸准新兴研究课题的脉搏，具有十分敏锐的科研嗅觉和极其强大的执行能力。在当时那种情况下，经典的夸克理论遇到了发展的瓶颈，而高能粒子物理的研究愈来愈碎片化和边缘化，大的理论课题几乎不存在了，能够继续开拓的领域所剩无几。更重要的是，粒子物理强调理论逻辑推理，通过复杂而烦琐的推导、演算之后，构建起一个理论上的数字模型，再用实验设备进行验证。随着高能粒子所需能量的提升，对粒子加速器的要求也越来越高，已有的设备几乎派不上用场了。陆堔一向重视理论与实践相结合，如果没有实验验证，再怎么精巧的理论都不能够说服人，也不能证明其正确性。他坚信，只有实践才是检验真理的唯一标准，为了避免研究课题走向空疏化，经过认真审视与抉择，他把目光转向了古老而无垠的宇宙，开始研究新兴且偏向于应用的天体物理领域。

"苟日新，日日新，又日新。"陆堔不满足于自己已有的成绩，不愿意躺在功劳簿上，而是锐意进取，敢于破旧立新，不怕从头再来。机会都是留给有准备的人，当机会来临的时候，更是要敢于抓住机会，不可以白白放过。

陆堔完成了自己的科研转向后，通信合作科研三人小组的其他两个人也完成了各自的科研转向。罗辽复仍旧在内蒙古大学任教，他看到生物学科的蓬勃发展，就搞起了学科交叉融合，转向了生物物理研究。杨国琛仍旧在河北工学院，考虑到液晶态物质在工农业生产中的广泛运用，他便开始了液晶物理研究。"最是人间留不住，朱颜辞镜花辞树。"逝者如斯夫，时间的河流滚滚向前，从不驻足停留，一切光辉的岁月终会成为记忆中的美好。陆堔、罗辽复、杨国琛三人由于工作单位变动、研究方向调整、时代背景转变等因素，后来就不再通过通信的方式进行业余科研合作了。书信也回归本真，作为他们交流心中所思所想、日常生活趣闻的载体，并一直保留了下来。随着时代的进步，纸质书信也逐渐被电子邮件取代。虽然形式变了，但内容和情感却没变，那真挚的友谊如同磐石，任凭风吹浪打，依旧坚不可摧。

陆埮的物理基础相当好，对各个物理分支学科的基础理论都很熟悉，这也是他进行科研转向的底气。"桐花万里丹山路，雏凤清于老凤声。"在人生的漫漫长路上，很难做到一成不变，抓住时代的机遇，顺势而变，谋定而后动，往往能够别开生面，"雏凤"的声音可能比"老凤"更加清脆悦耳，陶醉人心。陆埮在科研转型后很快就在"奇异星"和"代参数"两个课题上取得了新的科研成果，充分体现了转型的成功。

20世纪80年代初，有关中子星的相关研究已经发展到了极其微观的夸克层面，夸克作为构成物质的基本单元之一，其性质和相互作用机制的研究对于揭示宇宙的基本规律具有重要意义。陆埮在给他的第一批研究生系统讲授了"粒子物理"的课程之后，就开始和学生王青德一起从夸克的角度来研究天文学意义上恒星级的特大原子核，特别是中子星的夸克核心区。不同种夸克之间可以通过奇异数不守恒的弱相互作用而发生互变反应，当各种夸克数变得相近时，整个体系就达到了能量最低的状态，这个时候才能形成稳定的基态夸克物质。这种基态夸克物质有一个特点，就是它的奇异量子数很大，所以我们通常称它为奇异物质。如果整个星体都由这种奇异物质组成，那么这就是一颗奇异星。一般来说，当一个星体膨胀或收缩，进行振荡运动时，星体的体积及其内部的物质密度就会发生周期性的变化，最终导致星体呈现出耗散性的结构。如果星体内有奇异物质，相同烈度的振荡会导致更加剧烈地耗散，整个星体的全部动能甚至可能在不到一秒的时间内被急速地耗散掉。这一性质表明奇异物质具有极强的体黏滞性，比常见的核物质的黏滞性要强好几个数量级，这也是奇异物质最具有开发性的动力学特征。这个特征可以用来判断某些致密星体到底是中子星还是奇异星，具有极其重要的理论意义与推广应用价值。陆埮与学生王青德合作取得的这个科研成果成为研究奇异星动力学特征的一项开创性工作，在国内外引起了很大的反响。

　　陆埮进入南京大学天文系后，科研首战告捷，在奇异星研究上取得了重大成果。他再接再厉，不久后在"代参数"研究方面也取得了重大突破，这是他的第二项重要科研成果。

　　中子星是一种极其致密的天体，以至于一块方糖大小的中子星物质放在地球上，其质量就相当于一座大山。中子星首先是以脉冲星的形式于1967年被剑桥大学卡文迪许实验室的安东尼·休伊什和他的研究生约瑟琳·贝尔·伯奈尔等人用射电天线观测星际空间时意外发现的。这一发现最初被误认为是外星文明的信号，但随后被证实是来自快速旋转的中子星。中子星因其强大的磁场和快速的自转，会发射出规律的射电脉冲，因此也被称为脉冲星。截至2024年，射电脉冲星已发现千余颗，伽马射线脉冲星也已发现近百颗。脉冲星的辐射正是在级联过程的基础上产生的。对于一个标准的脉冲星而言，它具有许多能量不同的光子。光子可跃迁迭代的"代"数越多，伽马射线脉冲星就越容易被观测到。光子随着迭代次数的增多，其能量也会逐渐减弱，最终趋于某个阈值。这也就意味着，为了研究脉冲星发射的光子能量演变过程，科学家们需要计算光子从原始能量到现有能量的损耗程度，从

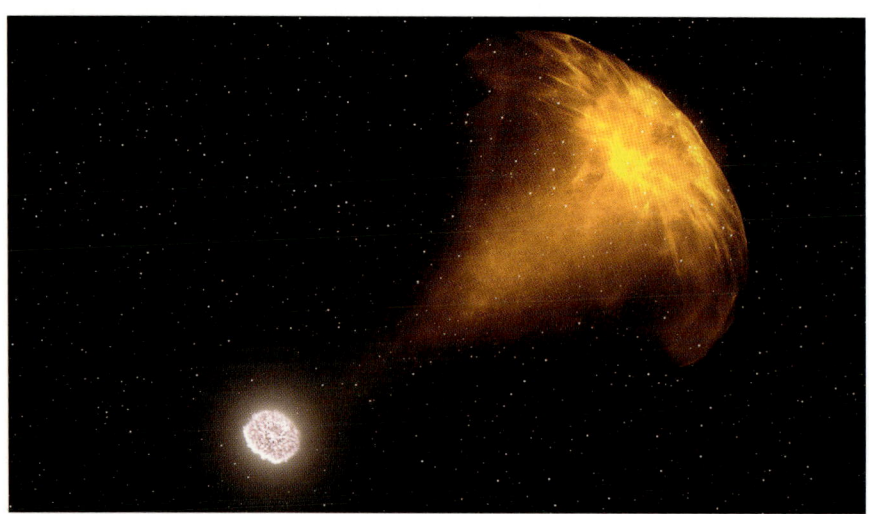

中子星碰撞产生的伽马射线暴

而推算出光子经历的迭代"代"数。然而，这一计算涉及众多参数，需要建立复杂的数学模型，且计算过程繁琐而漫长，给研究带来了不便。

1994 年，陆埮与学生韦大明、宋黎明在分析了光子的级联过程之后，另辟蹊径，提出了一个具有普遍意义的新概念"代参数"，并结合脉冲星的周期以及周期变率，用一种严谨而简洁的方式表述了出来。"代参数"可以用来计算光子迭代的有效"代数"，成为脉冲星区别于其他星系的一个特征参数。运用这个参数不仅有利于寻找新的伽马射线脉冲星，也有助于表述脉冲星的伽马射线能谱特征。这项科研成果很快就得到了国际天文学界的公认，并因此获得了中国教育部科技进步奖三等奖。

"山重水复疑无路，柳暗花明又一村。"当陆埮研究粒子物理遭遇学科发展的局限，似乎已经无路可走时，他勇于及时改道，别开生面，进入了另一个柳暗花明的桃花源。陆埮的一系列经历启示我们：一张白纸才好写出最好的文字，才好画出最美的图画。我们应当勇于创造属于我们的白纸，而不能过于眷恋已经用过的纸张，要善于把存量竞争转化为增量生产。这并不是什么朝三暮四、内心动摇，而是在看准时机后，及时行动，精确地把握时代发展的大势，贴近时代前进的脉搏，而不必做那种不见棺材不落泪、不撞南墙不回头、不到黄河心不死的固执之人。坚守与改变并不对立。不能因为倡导坚守，就一味地墨守成规，止步不前；也不能因为呼吁改变，而把一切都搅得天翻地覆，完全忽略事物的本来面貌，导致走向虚无。对于这两个方面，我们应该辩证地看待。我们坚守内心的信念、为人的准则、道德的价值，这些原则性的东西应该在我们心中生根发芽，无论外部世界发生怎样的变化，我们都矢志不渝，无可改变。而面对现实世界的发展，我们应该紧跟潮流，不能因为自身的固执而丧失了大好的发展时机，必须解放思想，与时俱进，努力跟上形势。变与不变，不在一念之间，而在于是否遵循事物的客观发展规律，这是不以人的意志为转移的。

第三章　厚积薄发结硕果

济济多俊良

1984年1月，经江苏省教育厅呈报，教育部批准，陆埮晋升为博士生导师。1985年，陆埮正式开始招收博士研究生，招收名额逐渐增多，学生的数量也不断增加，最后所有学生以陆埮为中心建立起一个研究团队。

完成科研转型后的陆埮就像发现了一片新天地，他对很多研究方向都感兴趣，广泛涉猎致密星、高能天体物理、宇宙学等领域，后来才聚焦到以研究中子星、奇异星、脉冲星、伽马暴为主的高能天体物理上。陆埮的第一届博士研究生有冯珑珑、赵刚和赵永恒三人。三位博士均于1990年顺利毕业，冯珑珑的博士学位论文题为《宇宙的胞状结构和引力场中自旋粒子的相位》；赵永恒的博士学位论文题为《致密天体辐射与演化的研究》；赵刚的博士学位论文题为《贫金属星的化学分析》。他们三人毕业以后，继续就自己博士期间从事的科研内容进行深入研究，都在各自的岗位上成长为了优秀的人才，做出了杰出的贡献：赵刚和冯珑珑均获得了国家杰出青年科学基金，赵刚和赵永恒都获得了中国科学院"百人计划"的资助。值得一提的是，赵刚在2023年当选为中国科学院院士。

此外，陆埮培养过的博士及其各自的博士学位论文题目分别为：戴子高的论文题目为《中子星物态和内过程的研究》、宋黎明的论文题目为《脉冲星的伽马射线辐射研究》、韦大明的论文题目为《中子星的高能辐射》、黄永锋的论文题目为《伽马射线暴与奇异星》、王祥玉的论文题目为《伽马射线暴及其余辉的研究》，等等。

　　博士研究生相较于硕士研究生来说，人生阅历更加丰富，理论知识更加扎实，科研能力更加突出，他们常常担任陆埮的科研助理，一起合作攻关科研项目。一旦做出成果并发表了论文，陆埮会和博士生一起署名，绝不掠人之美。

　　黄永锋的博士学位论文就是和导师陆埮一起合作科研的成果，该论文也因为新颖的视角、严谨的论证、丰富的材料，在 2001 年被评为全国优秀博士学位论文。根据标准的模型，伽马暴的火球是以接近光速的极端相对论的速度膨胀的。陆埮团队在研究中发现，各种以极端相对论速度膨胀的火球在一段时间后，就会发生显著的减速而转入非相对论膨胀状态，但其产生的余辉可观察的时间远长于膨胀过程，最长甚至可达一年以上。现有标准模型显然不能解释这些现象，因此必须对标准模型进行理论修正，以得出一种新的模型。这种新的模型必须具有广谱性的解释能力，既能够适用于极端相对论，又能够适用于非相对论。为了得出这种新的模型，陆埮与黄永锋提出了一个具有全面理论解释性的动力学统一模型，该模型不仅修正了标准模型的许多参数，还纠正了标准模型所采用的一些理论依据，能够用来描述火球膨胀从早期高度辐射的极端相对阶段一直演进到晚期绝热的非相对论阶段的整个过程。这个新的模型得到了国际天文学界的认可，被认为是一个具有前瞻性的模型。

　　陆埮的学生戴子高于 1999 年 1 月下旬在国际观测网站上获悉，伽马暴 GRB 9901123 在爆发时产生了极高的能量，高出正常水平大约 100 倍。这种现象不同寻常，具有极高的研究价值，可能会给伽马暴的研究带来重大的突破。他马上与老师陆埮联系，一起讨论这种现象的可能性成因、模型类型、能量来源等问题。那时候已经接近春节，他们为了加快研究进度，尽快地做出全面而科学的解释，并写出论文在国际期刊上发表。从得知强伽马暴发生的消息以后，他们便投入到紧张的研究工作中，即便是除夕当晚，也还在电话里讨论该伽马暴的研究进展。除此之外，他们还要时时刻刻地关注国外研究动态，了解国外同行的研究进展，以便做到有的放矢，确保自己能够先出成果，做到国际领先。

春节过后，在长达两个月的时间里，陆埮和学生们一直围绕着这个问题，深入进行相关的研究。最后他们根据一系列的推导演算和理论建模所得出的结果，首次提出了致密介质环境的观点，认为极端相对论激波到非相对论阶段的演化导致余辉光变曲线出现拐点，从而导致了超高能量的现象。后来这一观点得到了国际同行们观测数据的支持。陆埮和学生们还因为这个重大成果获得了 2002 年度教育部自然科学奖一等奖和 2003 年度国家自然科学奖二等奖。

陆埮荣获"2002 年度教育部自然科学奖一等奖"　　陆埮荣获"2003 年度国家自然科学奖二等奖"

"老当益壮，宁移白首之心。"2006 年，陆埮已年逾七旬，还依然坚守在科研一线。当时，在他的谋划之下，南京大学与中国科学院紫金山天文台共同筹办了"粒子 – 核 – 宇宙学联合研究中心"，并由陆埮这位科研老将出马，亲自挂帅，担任研究中心的首任主任。

彼时，南京大学校长蒋树声教授与中国科学院紫金山天文台台长严俊研究员正在响应国家号召，努力促成高等院校与科学院系统进行强强联合，加强二者之间科研项目的合作，资源共享，项目互助，争取做到快出成果，大出成果，为社会主义现代化建设这一伟大事业再立新功。陆埮抓住这个机会，多方游走，努力撮合，两个单位一拍即合，克服了许多体制、机制上的障碍，做好了人事安排，经过一番缜密的筹备，该中心终于获得批准成立。

新成立的中心拥有一支实力雄厚的科研团队，也有先进的科研仪器和观测设备，特别是在人员配置上，该中心实现了老、中、青三个年龄段科研人员的有机结合，各展所长，各尽其能。

老年层次的核心人物是陆埮教授与王凡教授。陆埮教授坚持每周参加一次学术研讨会，每次会议持续半天，无论刮风下雨都没有停过。陆埮会在研讨会上带领学生了解科学发展前沿，及时掌握科学发展最新动态，拓宽国际学术视野，提高科研创新能力。大家在讨论中根据自己的理解和平时科研过程中所遇到的难题，提出自己的观点，并指出观点的理论依据。然后大家热烈讨论，找出其中的不足之处，集思广益，共同解决问题。研讨会的氛围也很生动活泼，一点也不沉闷，师生之间平等相待，只关注真理对错，而不看重地位高低。陆埮将带学生的经验总结为一句话："一个中心，两个基本点。"一个中心就是把科学研究作为中心任务，通过自身的艰苦努力与不懈奋斗，把自己的科研领域做到世界领先；两个基本点就是保质保量地完成教学任务，指导好研究生。另一位核心人物王凡教授是陆埮在北京大学读书时的同班同学，后来担任南京大学物理学系核物理教研组教授。当时王教授的从教生涯也已经有 50 多年，可谓是桃李满天下。尽管已取得了很高的成就，但他仍非常勤奋，在办公室里经常能看到他挑灯夜战的身影。

中年层次的中坚力量主要是宗红石教授、任中洲教授和孙伟民副教授。宗红石教授担任研究中心的副主任，他长期从事粒子物理与核物理学研究，在非微扰量子场论、三维量子电动力学、Dyson–Schwinger 方程、强子性质、冷原子、中子星、核物质相变及有限温有限密量子色动力学的应用方面做出了一些有特色的工作。任中洲教授是南京大学物理系特聘教授、博士生导师。他的主要研究方向为原子核物理和核天体、量子混沌、量子新现象、量子场论，他也从事原子核内 α 结团效应、远离 β 稳定线奇特核结构、中子星和丰中子核物质性质、超重新元素的结构和性质等的相关研究工作。孙伟民副教授为人公道正派，学术研究能力突出，学术履历丰富，是一个敢于挑大梁的杰出人才。

在青年这个层次上，担纲的是几位从德国和美国回来的青年科学家。他们精力充沛，思想活跃，知识丰富，见解独特，善于把自己在国外学到的先进经验和前沿知识用来解决科学研究中出现的困难问题，能够做到活学活用，不拘泥于固有的知识体系，敢于创新，勇于探索。还有就是一大批正在成长的硕士、博士研究生，他们青春洋溢，生机勃勃，有着"不鸣则已，一鸣惊人"的坚定决心与昂扬勇气。他们就像早上八九点钟的太阳，最富有朝气，最富有热情，他们是科研团队中一支强大的生力军。

陆埮经常不无感慨地对学生说："我们老一辈的人是从时代的暴风雨中、战乱中成长的，我们应该艳羡你们现今的幸福，因为你们的青春正好落在这样美好的日子里，你们可以不受任何扰乱地专心学习和科学研究，要好好珍惜。"现在的学生有着安定的学习环境，可以把生活的全部重心都放在学习这一件事情上，不受其他因素的干扰，不必去走那又长又多的弯路。

"十年树木，百年树人。"人才的培养是一个漫长的过程，需要持续不断地投入时间和精力，急不得，欲速则不达。陆埮在研究中心的团队由老、中、青三个年龄段的人组成，最开始的时候只有十余人，经过长期不懈的努力，这个研究团队不断成长，研究水平不断提高，研究队伍也日渐壮大。在日趋激烈的国际学术竞争环境下，研究中心团队锚定目标，奋勇前进，在国际学术舞台上大放异彩，为国家和民族赢得了荣耀。鉴于陆埮在研究生培养事业上做出的卓越贡献，他在 2008 年 5 月被中国科学院研究生院评为"杰出贡献教师"，这一荣誉实至名归，亦是人心之所向。

陆埮熟读了世界上各个时期的科学界名人的传记，善于从科学史中找到解决现实问题的方法和灵感。他十分佩服世界著名物理学家、诺贝尔物理学奖获得者玻尔的品格和培养人才的方式。玻尔始终与学生平等相待，以谦虚谨慎的态度与学生进行学术上的沟通交流，从不认为自己高人一等，师生之间的关系十分融洽。玻尔

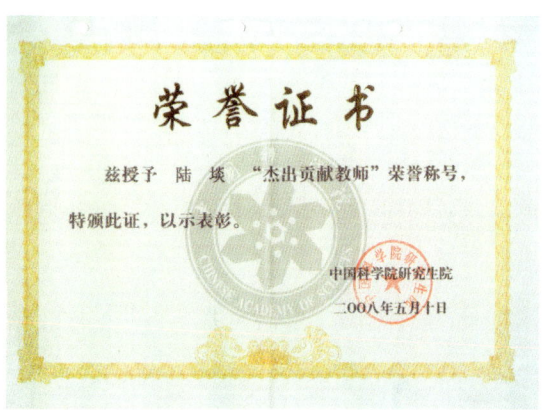

陆埮获"杰出贡献教师"荣誉称号

的周围团结了众多科研界的新秀，他们都是同时代年轻人中的精英。他们互相砥砺，互相帮助，互相影响，共同进步，一起攀登真理的高峰，都以自己是玻尔的学生而感到光荣。玻尔当时在哥本哈根创建了理论物理研究中心，吸引了大批的青年才俊。这些青年人有干劲，头脑活跃，冲锋在科学研究的前沿阵地，做出了令同时代人惊讶的成绩。在这些青年学生中，有十几人成为诺贝尔奖获得者，他们的老师玻尔也成为平等自由、团结协作、启迪学生的培养理念的象征。"高山仰止，景行行止。"陆埮也以玻尔为榜样，组建了自己的科研团队，为我国的天文事业走上国际竞争的舞台做出了突出贡献。

"君子以道合，道不同不相为谋。"陆埮作为科学研究的主心骨，在他周围聚集了很多优秀的学生与同事。大家心往一处想，劲往一处使，众人拾柴火焰高，往往能使科研项目顺利地推进，并在很短的时间内取得重大突破。在学科专业细分的现代社会，科学研究的重大项目往往都需要集体攻关，仅凭个人的力量难以全面而细致地解决问题。这就像传统社会中那些大型项目，如《永乐大典》《四库全书》的编撰，无一不是借助集体的力量，分工明确，各司其职。主持这些大型项目的人，需要品德高尚、大公无私、深孚众望，有着极强的组织协调能力，而这些正是陆埮所具备的。

射线新创见

伽马射线暴是继宇宙大爆炸（Big Bang）以来已知的宇宙中最为壮观的爆发现象，其发现可以追溯到 1967 年，并且这一发现立即引发国际天文学界的广泛关注，成为一个研究的热点。但因为当时的观测设备能够测定的距离量级有限，伽马暴的研究进入了一个徘徊的时期，这一徘徊就将近 30 年。直到 1997 年，伽马暴才被精确地定位，而且还发现了伽马射线在短暂辐射后，甚至可能存在长达数天、数星期的 X 射线余辉，以及长达数月，甚至数年的光学射电余辉。1997 年底，伽马射线暴余辉的发现入选《科学》杂志评选的"世界十大科技成就"之一。

利用余辉，我们可以很快地测出一些伽马暴的红移，这为伽马暴的深入研究提供了极大的方便。在测出红移之后，我们便可直接确认伽马暴遥远的宇宙学距离——离地球有几十亿光年，甚至更远。我们所观测到的，其实是伽马暴在经过长期的传播和耗散后留下的残影。最原始的伽马暴释放的能量巨大，在极短的时间内放出的能量比太阳上百亿年放出的能量总和还要大，我们熟知的核聚变、核裂变，在伽马暴面前显得微不足道。根据以上观测数据，加上理论推算，一个标准模型很快就形成了。该模型认为，当一个膨胀的火球以极限接近光速的极端相对论速度行进时，火球内部不同膨胀速度的各层气壳相互碰撞产生内激波，从而引发伽马暴。如果火球继续膨胀，并与星际介质碰撞会产生外激波而导致余辉现象。这个标准模型对伽马暴和余辉的产生具有较强的解释力，也比较符合观测特征，因此在一段时期内被大家广泛认可。

任何真理都必须经过实践的检验，实践是检验真理的唯一标准。随着观测数据的积累，人们发现偏离标准模型的个例越来越多。当一个共性不能尽可能多地包容个性时，这个共性便失去了价值。这类偏离标准模型的现象被统称为"后标准效应"。要得到一个好的理论模型，显然就要想办法修正这些"后标准效应"，使得这个理论模型具有广谱性的解释价值。陆埮领导的南京伽马暴研究小组，主要成员包括戴子高、韦大明、黄永锋等博士生，看准了时机，开始了对如何修正标准模型以消除"后标准效应"的科研攻关。

当时国际上关于"后标准效应"的成因存在几种争论。一部分人认为伽马射线暴源于黑洞吞噬星体时，在极短的时间内产生了巨大的能量真空，发生了能量边际外溢，从而产生了伽马射线喷射。另一部分人则认为是由两个相互吸引的中子星发生碰撞，引发了剧烈的热核反应，短时间内释放极大的能量，从而产生了伽马射线喷射。伽马暴最开始的标准模型有一个前提假设，即假设其外部的介质是均匀的典型星际介质。1998 年，陆埮和学生们发现，伽马暴 GRB 970616 的 X 射线余辉能谱与标准模型不符合。如果要符合观测现象，就必须对标准模型存在的前提假设进行修正——伽马暴的环境就不能是均匀的星际介质，而应是密度与距离平方成反比的星风环境。后来，国际天文学界在伽马暴的周边观测到了星风环境，这进一步印证了陆埮等人得出的结论。经过缜密的思考，陆埮他们最终指出，伽马暴起源于大质量恒星的坍缩，而由伽马暴前身的大质量恒星放出了星风所形成的介质，恰好满足密度与距离平方成反比这一数学关系。这一发现可谓是石破天惊，在全世界天体物理界引起了很大的震动。从此星风模型成为主流模型，原来的标准模型也渐渐地被学界摒弃了。

1998 年，陆埮团队在研究余辉的相关物理性质时，发现某些伽马暴在最初生成时，其中心可能同时生成了一颗伴随性的强磁场毫秒脉冲星。当伽马暴的主体辐射结束后，这种脉冲星会以磁偶极辐射的形式继续向火球注入持续性的能量，迫使余辉的光变曲线显著趋于平滑。在标准模型中，辐射模式被假定为理想的同步辐射。同步辐射固然是伽马暴辐射的主流，但并不是唯一的一种辐射。在一些特定条件下，逆康普顿散射也会对伽马暴余辉有重要的作用。特别是对于谱指数比较大的、介质比较稠密的伽马暴，逆康普顿散射可以有相当重要的贡献，而且会明显影响到余辉光变曲线的形状。

　　而自从具有极高能量的伽马暴 GRB 990123 被观测到之后，能源供应的危机就成为伽马暴研究中最突出的难题。如果伽马暴的膨胀和辐射是各向同性的，那么仅仅伽马射线的能量就能达到太阳静止能量的两倍左右。然而让人难以理解的是，伽马射线的效率往往是比较低的，伽马暴又是一个恒星层次的现象，不应该有如此高能量的伽马射线被辐射出来，这与我们的常规认识存在矛盾。排除了各向同性，伽马暴就应该是各向异性的，应当以喷流形式辐射出来，在这种情况下，伽马暴的辐射能量就可以大为降低。在充分考虑到各方面因素之后，陆埮团队提出的动力学演化统一模型，可以明确给出喷流的演化规律。但伽马射线暴的能源机制依然远未解决，这也是伽马射线暴研究的核心问题之一。随着技术的进步，人类对宇宙的认识也将更加深入，很多今日看来还是未解之谜的问题也许未来就会被解决。探索宇宙的奥秘不但是人类追求科学进步的必要，这些谜团的解开也终将会使人类自身受益。

　　就目前对伽马暴的认识而言，理论上伽马射线暴是巨大恒星在燃料耗尽时坍缩爆炸或者两颗邻近的致密星体合并而产生的。伽马射线暴短至千分之一秒，长则可达数小时，会在极短时间内释放出巨大能量。如果与太阳相比，它在几分钟内释放的能量相当于万亿年太阳光的总和，其发射的单个光子能量通常是典型太阳光的几十万倍。伽马暴还能反映天体演化的客观规律，可以作为标尺来帮助我们探测宇宙的演化过程。伽马暴既是天然的检验极端条件下物理规律的实验室，又有助于研究天体演化的规律，作用巨大。

　　总而言之，陆埮和学生们通过共同的努力，提出了伽马暴的起源与演化的模型，实现了对既有模型的修正。在伽马暴的起源问题上，陆埮带领学生们研究了星风环境和致密介质环境，提出了伽马暴起源于大质量恒星坍缩的观点。1999 年，在伽马暴的能量演化问题上，他们提出了伽马暴余辉动力学演化的统一模型，该模型能够解释火球从早期的极端相对论阶段到晚期的非相对论阶段的整个演化过程。第一个伽马射线暴的光学余辉（GRB 970228）的发现者范·帕拉迪斯 (J. van Paradijs) 等人在 2000 年的《天文和天体物理年评》(*Ann. Rev. Astron. & Astrophys.*) 上，以 1.5 页的篇幅详细介绍了陆埮团队这一具有前瞻性的模型。此外，伽马暴的多种环境效应、喷流机制、辐射能谱、能源机制等的性质与规律，也是陆埮团队重点关心的课题。

南京伽马暴研究小组成员在一起讨论

　　陆埮在我国伽马射线暴研究史上厥功甚伟，做出了不可磨灭的贡献，树立了不朽的丰碑。从选择新的研究课题、确定研究领域范围、明确研究项目，到申请科研经费、争取上级部门的支持、协调各兄弟单位的关系等环节，他都亲力亲为，从不假手他人，投入了许多的时间，倾注了大量的心血。他是伽马射线暴研究团队的主帅，队伍中猛将如云、能将如海，共同构建了一支富有进取精神、敢于迎难而上、不惧艰难险阻、善于分析总结的科研团队。在陆埮的带领下，国家项目一个又一个完成，科研论文一篇又一篇发表，学术会议一个又一个参加，科研团队取得了耀眼的成绩，并使科研水平走在了国际前列。他们的科研成果被写进外国编写的理科教科书中，被外国的同行们所了解、所熟知。

陆埮科研团队在伽马射线暴研究史上占据了重要的位置，只要你从事相关领域的研究，他们的科研成果是绕不开的。陆埮团队的科研经历及其成就证明了，当中国的科学家与国际上其他国家的科学家处于同一起点时，中国人的科研能力是相当强的。外国人能做到的事情，中国人都能做到，甚至会做得更好。长期以来，有这样一种论调，认为中国社会的土壤培养不出科学家，中国社会是一种经验型社会，中国人注重的是实用价值，而忽略纯粹的理性思维。我们可以说，这种观点完全是偏见。中国有着悠久的历史，而经验的积累正是依靠历史的沉淀，中国人之所以看重经验，是因为对历史充满温情与敬意，经验是一种历史的智慧。而说中国人缺乏理性思维，则完全是无稽之谈。中国人和世界上任何国家的人一样聪明，陆埮和他的团队用实际行动证明了这一点。

心事连广宇

"心事浩茫连广宇，于无声处听惊雷。"陆埮北大毕业之后，先后到中国科学院原子能研究所、哈尔滨军事工程学院、长春防化学院、南京电讯仪器厂等单位工作，1978 年调入南京大学天文系。陆埮始终认为自己的成就没有别人说的那么大，自己只是一个平凡的科研工作者，是国家这台庞大机器上的一颗螺丝钉。当国家有需要的时候，他可以随时更换自己的位置，在新的岗位上继续发光发热。2003 年 7 月，陆埮再一次服从国家的需要，调入

了自己服务的第六个单位——中国科学院紫金山天文台。同年 11 月，在新
一轮的两院院士评选中，陆埮凭借其突出成绩和卓越表现，当选为中国科学
院数学物理学部院士。2004 年，他的科研方向又进行了微调，选择了天体
物理的一个分支，开始从事"最大的宇宙学"研究，专注于宇宙的起源与演
变、暗物质与暗能量等前沿课题。对于为何要转向从事宇宙学的研究，陆埮
曾解释道：

　　"人在宇宙里位于一个普普通通的星系——就是银河系，围绕一颗普普
通通的恒星——就是太阳，生活在一颗普普通通的行星——就是地球上。在
地球上的人居然可以对整个宇宙研究得这么清楚，现在的宇宙不再像以前那
样，仅仅是一个哲学上的东西，宇宙也不再是思辨性的或猜想性的东西，而
是一个活生生的，可以定量计算的对象。现在的宇宙学堪称定量哲学，宇宙
学确实很重要，也很吸引人。我相信研究宇宙学对基础科学，特别是基础物
理和基础天文学，会带来意想不到的突破。"[1]

　　陆埮认为，认识事物时应该遵循可知论，摒弃那种玄虚的不可知论。人
类生活在浩渺的宇宙之中，宇宙已经不再仅仅是古人头脑中的一个哲学性的
概念，那种"吾心便是宇宙，宇宙便是吾心""宇宙内事是吾分内事，吾分
内事即宇宙内事"的主观唯心主义的想法已经不能满足现代人对宇宙的求知
欲望了。既然已经明确了宇宙的物质性，就应该探究其组成与物质结构，进
行定性分析和定量计算，用数据说话。搞好宇宙学，不仅能促进基础天文
学、基础物理、基础化学、基础生物等学科的发展，对哲学意义上的宇宙生
成论及本体论也很有价值。

　　陆埮在调入中国科学院紫金山天文台之后，仍然时刻关注着南京大学天
文系的发展，对原来的学生多有指导和帮助。虽然工作的单位可以发生变

1　根据陆埮先生视频回忆整理。

化，但师生之间的情谊以及心灵上的相通却依旧牢固。幸而，中国科学院紫金山天文台与南京大学相隔不远，步行不久就能到达。陆埮在紫金山天文台的工作也很繁重，需要点燃新官上任的"三把火"，千头万绪，也需要用大量的时间和精力来捋清。纵使是这样，陆埮还是长期坚持参加每周半天的南京伽马射线暴团队的学术研讨会。直到调入紫金山天文台一年多以后，他为了培养青年学者的组织能力，使他们接受锻炼，尽快地成长为骨干力量，陆埮才把伽马射线暴科学研究团队的领导权转交给他当年的博士生、时任南京大学天文系教授的戴子高。自 2005 年之后，随着职务的增多，工作量的增大，加上经常外出开会、交流学习，实在没有多余的时间和精力，陆埮才没有继续参加每周一次的伽马射线暴学术讨论会。

"2003 年，因工作需要，先生由南京大学调到中国科学院紫金山天文台工作，并于同年当选为中国科学院院士。由于不再在一个单位，我和先生之间的见面机会略少了些，但我们仍保持着非常紧密的联系：无数的电话和电子邮件，时常的会面，经常一起去外地出差开会，还有每年元旦雷打不动的饺子宴。此外，在科研上也和先生继续保持着密切的合作关系，不时还有合作的论文发表出来。"

从陆埮的得意门生黄永锋的回忆中，那位关心爱护学生、慈爱如父、乐意为学生指点迷津的老师陆埮仿佛穿越时空，又浮现在我们的眼前。

在调入紫金山天文台后不久，陆埮根据以往的研究经验和对未来科研前沿的判断，前瞻性地指出宇宙学这个研究方向很有研究前景，是一个有待挖掘的宝藏。陆埮于是开始牵线搭桥，带头倡议南京大学物理学院和中国科学院紫金山天文台联合建立一个"粒子－核－宇宙学联合研究中心"。

俗话说，"男怕入错行，女怕嫁错郎。"陆埮却从来不怕改行，不墨守成规，始终能做到与时俱进，跟上时代步伐。他只要认定某个领域有发展潜力，就会将研究方向和研究重心调整到这个领域。当伽马暴领域尚大有可为时，他的精力一直放在伽马暴上，而当宇宙学方兴未艾时，他又开始转向宇宙学研究，乐此不疲，永不停息，将"不息为体，日新为道"这一精神发挥得淋漓尽致。

　　陆埮认为，宇宙学从其本质上来说是科学和哲理的交融，它既反映了天文研究的方法和成果，又揭示出宇宙之美及其背后的规律。通过研究宇宙学，人们将会发现天文学并不神秘，而是充满浪漫与真实。科学技术可以帮助人们逐步地解开宇宙中的一个个未解之谜，同时又会不断带来新的挑战。在解决一个矛盾的同时，新的矛盾又跃然眼前，就是在这种"发现与解决"的循环中，人们的认识不断得到提高，人类的科技不断取得进步。在这个过程中，科学本身的发展也经受了考验和锤炼。天文学家会在探索宇宙的过程中投入大量的时间与心血，他们既获得成功的荣耀，也遭遇过失败。无论结果如何，他们对待自然的科学态度和对待社会的人文情怀是最值得我们珍视的。人类不是宇宙的主宰，人仅仅是宇宙的一部分，人的命运与宇宙深切地交织在一起。只有正确地了解宇宙，才有可能回答"我们是谁"以及"我们为何在此"的终极问题。对宇宙的亘古追寻，永无止境。

提携后来人

　　陆埮一身二任，不仅是科研界的领军人物，还是一位教学能手。陆埮在本科教学及科研工作之外，最多的时间都花在了硕、博士研究生的培养上，硕果累累，桃李芬芳。

　　1993 年，因为长期在教育战线上耕耘，加上培养的研究生都十分优秀，成绩显著，陆埮荣获江苏省教育委员会和省学位委员会授予的"优秀研究生教师"称号。陆埮培养研究生有着自己的独到之处，2004 年 10 月，他应邀撰写详述研究生培养模式和方法的教育学文章——《谈谈研究生的培养》，该文章荣获由国务院学位委员会办公室、中国学位与研究生教育学会和《学位与研究生教育》杂志社联合举办的第三届《学位与研究生教育》优秀论文评选一等奖。在教育学类的杂志上发表这样重要的文章，对于一个理工科教师来说，实属难能可贵。

在文章中，陆埮总结了这么多年在研究生培养上所积累的经验，阐述了自己所采用的有效的培养模式，以及对现有培养体制的一些看法和改进的措施。陆埮指出，坚定的志向是迈向远大未来的第一步，只有立下坚如磐石的科研之志，才能够面对时代和社会的挑战。"板凳甘坐十年冷，文章不写半句空。"科研工作是坐"冷板凳"的事业，在市场经济条件下，因为其转化功能偏弱，往往没有很高的收益，物质生活状况不甚理想。在科研攻关的过程中，科研人员可能还会感到长时间的寂寞与酸楚，但基础学科是一切应用学科发展前进的基础，也是人类科技发展取得重大突破的前提。基础学科的转化功能可能稍弱，并不能立竿见影、药到病除，但从长远来看，科学的根基还在基础科学，没有基础科学的发展便没有了现代科学的一切。正因如此，才需要科研人才发自内心地热爱科学，愿意献身于科学事业，乐于为全人类的进步而做贡献。只有当科研人员全身心地投入到工作中，才能抵制外部世界滚滚红尘、声色犬马的诱惑，勤勤恳恳地做好自己的本职工作。

"今天之所以有这么多高科技的产品，使我们得以享受现代化的生活，确实应该感谢历史上的那些从事基础研究的先驱人物。将来高科技的发展，也会仰仗我们今天的基础科学研究。"

后之视今，亦犹今之视昔。马克思说过："哲学家们只是用不同的方式解释世界，而问题在于改变世界。"基础科学是以认识世界为目的的，强调不断地探索人类的未知领域，解决那些根本性、原理性的问题。而应用科学推崇实践，以改造世界为目的。认识来自实践，实践反作用于认识，二者缺一不可。同样，基础科学可以为应用科学提供理论支撑，应用科学可以用自己的实践经验反作用于基础科学，促进基础科学的进一步发展。我们想要按照自己的意图去改造这个世界，就必须首先明白这个世界的客观规律，按照规律办事，才能事半功倍，这也就是基础科学的最重大的意义。

陆埈培养研究生时，着力于培养他们的创新能力。对于刚刚步入学术领域的研究生，陆埈会倾囊相授，为他们指明学术路径，帮助他们选择适合发展的科研方向。他博之以文，约之以礼，以春风化雨般的热情来温暖学生的心灵，使得学生心情舒畅，精神愉悦，如沐春风。在学生跟随自己学习一段时间，相互之间已经比较熟悉之后，陆埈就会转变培养方式，注重培养学生的独立思考能力，使学生善于从前人的科研历程中汲取经验，特别是要掌握批判性思维，不能迷信权威，要敢于质疑已有的知识成说，心中千万不能有定见。"新松恨不高千尺"，创新是科学研究的灵魂，也是科学研究向前发展的动力。想要创新就要掌握创新的方法和思维，不能只是守着僵化的教条，按部就班地进行操作研究，否则就只能做一些重复性的工作，而谈不上创新了。

"基础科学本身就意味着人们对客观世界的认识范围，基础科学研究就在于从已知范围向未知范围扩展，这本身就意味着需要创新。不仅范围需要扩大、深度需要增加，而且方法和途径也经常需要更新。"

陆埈认为，人是在不断发展的，不能因为一时的情况而判断这个人一生的前途与命运。以学生的学历为例，是否出身名校并不那么重要，半路改行也不会是什么太大的障碍。在某种程度上，跨学科、跨领域、跨专业是一种优势，更有利于不同学科之间的交叉融合，在学科交叉点上获取科研灵感。单一的学科背景在知识的获取上往往有局限，难以融会贯通，在面对纷繁复杂的现代科学发展局面时，会很有局限性。陆埈经常鼓励研究生开动脑筋，善于发现，自己确定科研题目。万事开头难，通过自己的努力跨出第一步很重要，有了一个好的开头，便可以循序渐进，久久为功，最终走出一条康庄大道。他的学生中本科就学习天文的人并不多，很多都有其他学科的专业背景，比如赵刚原来是学应用工程的，后来又学了粒子物理；戴子高本来是搞原子核物理的，后来才转向天文学；王青德甚至没有接受过完整的高等教育，他是以同等学力的身份考上的研究生。五湖四海，唯才是举。

　　"其身正，不令而行；其身不正，虽令不从。"陆埮可谓是"人师"与"经师"的合一，既有高尚的道德情操，又有丰富的知识涵养。陆埮既在学术上严格要求学生，又督促学生提升自身的思想与道德修为，努力做到德才兼备。在与学生的日常交往中，敢于和学生说"请你像我这样做"，时刻注意身先示范，以身作则。"人才"二字，便是要求先学会做人，然后才能成才。陆埮要求学生在做学问之前要先学会做人，尤其要有精诚合作的团队精神，因为许多项目都涉及多学科交叉知识，需要不同单位、不同学科的人参加，齐心协力一同攻关。年轻人要想有所成就，就必须立长远之志向，"志不强者智不达"，在此基础上，要脚踏实地，一步一个脚印，踏踏实实地做事。除了以上这些方面，陆埮还分别从思考与能力、直觉与判断、历史与前沿、聪明与毅力、基础与研究、机遇与准备等方面进行了全面的分析和说明，将成功培养人才所需要的条件一一列举出来。人才可遇不可求，必须倍加珍惜，悉心呵护。他不仅说明了自己在人才培养中取得成功的原因，也为后来的人才培养指明了一条清晰的道路。

　　陆埮治学有个著名的"四快一慢"原则——构思快，推导公式快，计算快，写文章快，投稿慢。这是陆埮从部队的军事战术中学来的。从调研、立论，到分析、成文，均要快速完成，但最后投稿要放慢节奏，方方面面都要考虑周全，反复核对，仔细推敲，如临深渊，如履薄冰，慎之又慎。要做到尽善尽美，哪怕是一个小的标点符号也不能出错。

　　陆埮的得意门生、全国优秀博士学位论文获得者黄永锋清楚地记得，有一次，他经过反复推敲写的一篇论文终于定稿，准备投寄给杂志社，便来到导师陆埮家里借用打印机打印论文。打印结束后，再次审阅论文时发现文中有一个逗号用错了。黄永锋觉得这是一个小问题，应该无关紧要，重新打一遍的话太费事了。陆埮却严肃地说："文章就像泼出去的水，一旦投寄出去就收不回来。这是非常严肃认真的事。既然我们自己已经发现了这个错误，就一定得改过来。"

"文章千古事，得失寸心知。"当手握笔杆，著书立说时，应该想到这在多年以后会成为一篇历史文献，供后学者学习参考。此时的一个很小的错误，经过众人之手，加上时间的冲刷，可能会被无限放大，造成很坏的影响。

谈到治学严谨，陆埮非常佩服吴健雄的科学思想，并经常用她的故事教育自己的学生。当年吴健雄在证明杨振宁和李政道提出的宇称不守恒定律时，对自己的实验结果不满意，还要反复验证。这个实验的消息传到她单位的另一个研究组，他们马上就采用另一种实验方法去证明宇称不守恒定律，第二天就得出了结果，很快写成了论文，准备发表。这个研究组的人找到吴健雄，希望她赶快发表文章，他们紧接着也能发表自己的论文。吴健雄却没答应，态度严谨的她认为时机尚不成熟，论文还有许多细节问题没能够解决，还需要用进一步的实验来验证。终于在半年之后，吴健雄利用 β 衰变过程，通过观测钴 –60 原子核的自旋方向，再次验证结果正确，才正式发表了论文。每次讲到这个故事，陆埮总会对学生说，科学是客观的、公正的，掺不得一丝的假。天体物理还是一个在成长的研究领域，许多工作都是探索性的，现在已经得出的许多看似正确的结论将来可能被推翻，而科学的发展就是在不断否定的过程中前进的。已有结论被推翻并不足惜，但得出旧有结论的核心科学原理却不能被推翻，因为这些原理都是客观的，并不会随着时代的发展而改变。

"初战必胜"是一个军事化的词语，陆埮将其引申到科研领域，意指每个人发表第一篇科学论文一定要成功。这主要是为了激发学生做科学研究的兴趣，把握时机，当断则断，初战必胜。尝到了成功的喜悦之后，心里就有了底气，"彼可往，我亦可往"，敢于向科学的前沿进军，冲上科学的最高峰。好的开始是成功的一半，初上战场的新兵若能迅速打一场大胜仗，不仅能激发其斗志，还能加快其成长，迅速担负起老兵的责任。

　　陆埈带学生非常有耐心，他很善于倾听，即使有学生显得有些离经叛道、个性张扬，他也不会强行干预。他始终认为，科学研究是一个漫长的过程，很多问题长期难以取得突破，甚至可能陷入停滞，这个时候往往需要一些灵感，才能使得问题迎刃而解。这种科研上的灵感往往和学生的性格有关。如果学生过于中规中矩，缺乏活跃思维，反而不利于科学研究。

　　陆埈认同李白"天生我材必有用""长风破浪会有时"等诗句中所表现出的积极有为、乐观实干的人生态度，认为每个学生都有发展的潜力，只是个人的禀赋不同，兴趣爱好不同，学习背景不同，成长环境不同，要因材施教。对于那些基础较好的学生，陆埈会向他们介绍科研的前沿，鼓励他们发挥自己的主观能动性，去独立思考，找课题进行自主研究；对于基础稍差的学生，他会给他们指定一个课题，鼓励他们去寻找相关资料，查找各种实验数据，汇集在一起写一篇研究报告；对于基础并不那么好的学生，他会根据他们的知识掌握情况，进行手把手教学，鼓励他们多阅读领域内的经典著作，从中发现问题。

　　陆埈乐于奖掖后进，鼓舞青年学生，他爱惜人才，善于发现人才、培养人才、提拔人才，敢于让青年人参加重大的科学研究课题。陆埈心底无私天地宽，充分地信任学生，从各个方面来调动学生的积极性。比如平常师生合作写论文，投寄发表时，他会把自己的名字放到后面，把学生的名字放在前面，这样有利于学生以后的个人发展，对评奖、职称晋升都十分有用。当他看到青年科学工作者的某些合理要求得不到应有的回应时，他会毫不犹豫地站出来仗义执言，为学生说公道话。

　　陆埈的基础理论知识扎实，功底深厚，对学科的重点发展问题了如指掌，常常能够透过现象看本质，做一些大胆的预测，这些预测后来大多都能实现。这并非陆埈有什么特异功能，而是其对学科发展前景的准确判断。有一次，一位天文系的学生申请到美国攻读博士学位，在临行之前，他特地到陆埮老师家与老师道别，并交流一些学术问题。师生二人由浅入深，探讨了各种前沿问题、基本问题、重大问题等，涉及的内容十分广泛，几乎面面俱到。师生二人都陶醉其中，来了兴致，不知不觉谈了好几个小时，直到天色渐暗，月明星稀，师生二人才依依惜别。两年之后，这个学生从大洋彼岸给陆埮寄了一封长信，信中提到他在美国大学里顺利通过了博士学位的资格考试，可以开始撰写博士论文了。而考题的内容竟然与那天晚上与陆埮交谈的内容十分相似，因此他成竹在胸，考得很好。这也足见陆埮在学术上长远而敏锐的眼光。

陆埮十分关心爱护自己的学生，对自己的学生有很明晰的人生规划，为学生未来的发展想得很远，这种思虑和对自己孩子的关注相比，有过之而无不及。陆埮对学生关怀备至、有求必应，始终把师生之间的相遇视作一种难得的缘分。大家有什么困难需要帮忙，他总是毫不吝惜地伸出自己的援助之手，对其中涉及的利益毫不计较。

陆埮每年元旦在家里举办的一年一度的饺子宴，是师生之间交往的一件乐事。这个传统始于1983年的元旦，从那时起，陆埮每年都会邀请他的研究生到家里做客。活动内容丰富多样，大家会一起包饺子、吃饺子，畅聊一年的收获与下一年的计划。话题无所不包，从天文地理到时事政治，学生们畅所欲言。这个习惯逐渐成了惯例，年年如此，深受大家的喜爱。

随着陆埮的学生越来越多，学生的学生也逐渐增多，陆埮的家里渐渐容不下这么多人了。于是，后来每年元旦，陆埮就会选择在外面找个餐馆来举行这场特别的饺子宴。这个传统一直持续到了2013年元旦，整整维持了30年，成为陆埮和学生们之间一段难忘而温馨的回忆。戴子高，作为陆埮的得意门生之一，每当回想起那些元旦饺子宴的欢聚时光，心中总是充满了无尽的感慨和深深的怀念。

宋黎明，陆埮的另一位学生，在回忆起南京的生活时感慨道：

　　"说到南京的生活，不得不说饺子宴。我在南京的时候，师母还在美国，所以那几年饺子宴都是陆老师的小女儿陆轻铱为主力。我们的主要任务是和陆老师看录像，再就是消灭饺子，当然餐后的一片狼藉也要由小师妹收拾，现在想起来真应该请小师妹好好吃一顿，以弥补当年的付出。我记得有一年（我们）看的是《西游记》的最后一集，陆老师对师徒四人最后获得的封赏分析得头头是道，让我对陆老师有了新的认识和发现，令人难忘。"

　　家是人内心深处最温暖的港湾。陆埮把那些漂泊在外求学的学生当作了自己的家人、自己的子女，和他们共度跨年的重要时刻，一起在严寒的冬夜吃着热气腾腾的饺子，一起其乐融融地看着电视节目，学生们也就没有了离家的惆怅，此心安处即家乡。

2001年元旦陆埮与学生的饺子晚宴留念

南京大学中文系的一名研究生在毕业之际，满怀感激之情，回忆与老师的点点滴滴，写了一组名为《我与我师二三事》的诗，一共有四首，分别谈了四个方面的内容。除了学科之间的差异之外，这四首诗所表现的为人师者的高尚情操、助人情怀、仁爱之心等，也可以用在陆埈的身上，无丝毫差别。

《其一·授课》

师门每岁员额少，迩来三届已单传。

专业课程勤开设，未尝缺席为一生。

我师远居雨花岭，往返皆耗多时辰。

何畏寒暑易序节，只愿金针度与人。

陆埈也极度重视教学，为研究生开设了多门专业课程，每门课程都涉及一个具体的知识体系，他为研究生们详细地讲解概论性知识，并与应用技术相联系，从多个方面、多个维度看问题。无论春夏秋冬，他从不无故缺席。

《其二·读书指引》

早知书山勤为路，亦尝冷月伴孤灯。

朝经暮史无章法，两脚书橱终难成。

我师询我性所近，开列书单指明程。

其宏借以观世界，彼微足可修诚真。

陆埈也会根据学生的具体情况，因材施教，个性化地为他们设置培养方案，不搞"一刀切"，而且很注意天体物理与粒子物理的协调发展，并不偏废某一方面内容，让学生全面地学习，全面地掌握。

《其三·修改论文》

昔人妙笔可生花，吾手写出杂草芽。

冒昧敢请师雅正，缺文乏质诚非佳。

翌日邮件早回复，蝇头批语密如麻。

舛误优长俱详道，洙泗春风应无差。

学生写出学术论文，陆埈总会拿来详细地修改，逐字逐句地通篇阅读，一个标点符号也不会轻易放过。他还会把自己对论文的修改意见以及评价写在论文稿的空白处，方便学生对照修改。就这样，经过反复打磨和推敲，一篇好的论文得以问世。

《其四·教我为人》

悠悠人世廿四载，恒处庠序避风沙。

两篇《周南》吟岁月，三章《楚骚》度年华。

我师忧我书生气，知行合一乃仁侠。

解释世界诸哲训，关键双手改造它。

陆埈不仅是学生们学问上的导师，还是他们为人处世方面的引路人。陆埈总是让学生多去观察生活，不要总是活在大学的象牙塔里，要提前适应社会。他强调，不能只重视理论而忽略了实践，应当做到知行合一。

毛泽东主席在《纪念白求恩》一文中，高度赞扬了白求恩同志的国际共产主义精神，并对这种理想化的人格进行了高度概括：

"……我们大家要学习他毫无自私自利之心的精神。从这点出发，就可以变为大有利于人民的人。一个人能力有大小，但只要有这点精神，就是一个高尚的人，一个纯粹的人，一个有道德的人，一个脱离了低级趣味的人，一个有益于人民的人。"

陆垗也是这样一个高尚的人，纯粹的人，有道德的人，脱离了低级趣味的人，并且是大有益于人民的人。

第四章　玫瑰赠与众人香

学问天下器

　　"学问乃天下之公器，一人不得独专，海内相交通，方可焕发无限之生命。" 1980 年，陆埮开始参加各式各样的国际学术会议。只有紧跟处于国际领先地位的科技前沿、做出具有前瞻性的科学研究成果，才能在国际上立于不败之地。早前取得的学术成就使陆埮在国际学术界享有盛誉，自 1980 年起，他应邀赴美欧各国及日本的著名高校和研究机构交流访问，还多次应诺贝尔奖提名委员会邀请，被提名诺贝尔物理学奖候选人，并评估其个人学术成果的意义与价值。1982 年，经中国天文学会推荐，陆埮成为国际天文学联合会的会员，并同时当选为第 47 届和第 48 届专业委员会成员。1983 年，陆埮第一次到乌鲁木齐开会，并担任讲习班的主讲老师，在宇宙学讲习班讲授了宇宙学概论、宇宙学基本原理、宇宙学的应用、宇宙学模型的构建、宇宙学理论分析等课程，时间持续了半个月左右。来自全国各地的参会人员有 50 余人，其中还包括何泽慧院士、龚树模等名家大儒。1992 年，陆埮参加吴健雄的学术报告会并与之交谈讨论，回忆起一些科研界的往事，不胜感慨。1999 年，陆埮应邀与众多国内外天文学界著名学者共同参观乌鲁木齐天文站，并对天文站的进一步发展建设提出了宝贵的意见。

1991 年访美时陆埮与吴健雄、袁家骝夫妇合影

　　陆埮还多次应邀到香港进行访学和出席相关国际会议及研讨会。一来二往，他结识了香港天文学家郑广生教授，二人研究领域相近，又很谈得来，便互相引以为密友，后来一直合作科研，互派学生交流学习。1991 年初，陆埮最早受郑广生教授的邀请到香港城市大学进行为期半年的访问。访问结束后，他没有空手而归，而是花了大半年薪酬自费购买了一台 386 计算机和一台 24 针打印机带回南京。386 计算机是当时较为先进的个人电脑，而 24 针打印机则是当时打印技术的主流设备，能够提供更清晰的打印效果，对科研数据的记录和分享具有重要意义。陆埮将当时世界上最新的伽马射线暴卫星数据打印出来，发给所有研究生一份，并指导他们进行科研。这一举措不仅为学生们提供了接触国际前沿科学的机会，让他们始终与国外科学家站在同一条起跑线上开展研究，也为国内相关领域的研究注入了新的活力，有力推动了中国在伽马射线暴研究领域的进步。

　　"坐地日行八万里，巡天遥看一千河。"陆埮的学术访问足迹几乎遍布全世界，美洲、欧洲、大洋洲、亚洲都留下了他的身影。他曾多次访问美国，还相继访问过德国、意大利、加拿大、日本、澳大利亚、南斯拉夫、印度等国。1982 年 4 月，由陆埈牵头，中国科学院和西德马普学会在南京联合举办了高能天体物理学术讨论会。此后，该会议每隔 3 年召开一次，由中国、德国轮流担任东道主，一直持续至今。这个会议也成了中国天文学界与世界天文学界相互沟通的一座桥梁，并在中国天文学界观察国外最新科研动态方面发挥了窗口作用。

1986 年摄于意大利国际理论物理中心

　　陆埈重视国内外交流。科学无国界，但科学家有祖国，民族的才是世界的。在国内交流方面，中国地大物博，幅员辽阔，地区间发展很不均衡，因此多次跨地区学术会议的召开，促进了科学文化事业的平衡发展。

　　1980 年 12 月，陆埈受邀前往美国巴尔的摩出席第十届得克萨斯相对论天体物理国际会议。这也是陆埮首次应邀参加国际性的会议。在与罗辽复和杨国琛的书信交流中，他详尽地阐述了自己撰写参会论文的思路以及如何写好这篇论文的心路历程：

"最近还必须有相当的精力集中在天体上，因为要为 Texas 会议做准备，也要为明年中德会议做准备，至少，我必须花相当精力。Texas 会议是相对论天体物理会议，这方面我们过去没有搞过，没有搞过的，却是要去参加国际会议的，因此必须特别准备，不可大意。如果我们做出成果，提交会议，就可以直接列入会议录。但是，会议 12 月开，至少提前四个月就得报提要（和文章），而目前状态我们还没有任何一篇可以提交。单单宇宙早期的强磁场是不够的，怀疑的人很多，也很容易怀疑，Sato 即为一例。当然，我并不是说此工作不可搞，也是可以继续搞下去的。提出去的论文必须理由充足。既然相对论我们没有搞过，我们就要发挥基子方面的特长，将基子渗入进去，看来也就只有宇宙早期了。搞这个内容，目前最有利的条件是中微子有质量，这对宇宙学有重大的甚至是全部的影响。而且，中微子有质量，这与左右对称理论（右中微子存在）密切相关，这样就与我们的基子工作联系起来了（但还没有找到具体的，落实到量的联系）。中微子对宇宙学的影响，可研究的很多。不过，等到今年 12 月开会时，上述大部分问题国外一家已经详细做出来。我们要做，必须输入特别的新想法，特别是结合我们过去的工作，把过去工作的一些内容输进去，把基子上我们的一些独到见解输进去。这无疑是一件艰巨的工作，也是一件极为紧迫的工作。总之，这次会很可能去，如果去，也是个机会，应力争做出一些成果，拿出一些文章去。但文章一定要有足够的分量，否则，宁可不拿出去。"

从这些信件内容可以看出，陆埮不只是将此次参加国外会议视为个人之事，而是认为这关系到中国整个科研界的代表水平问题。对此他十分重视，撰写的论文更是精益求精，并且是"唯陈言之务去"，追求新颖的论点和全新的发现。他坚持"宁可少些，但要好些"的科研原则，绝不为了赶时间而粗制滥造，必须保证每一段话、每一个字都是恰如其分的，不拖泥带水，更不可凭空捏造，必须充分体现实事求是的精神。

"各美其美，美人之美；美美与共，天下大同。"能够欣赏自身美好的事物，也能够欣赏别人美好的事物，所有美好的事物能够互相欣赏，美好的感觉能够互相交流，那么世界就会呈现出一片繁荣的景象。1980 年 12 月，陆埮参加了在美国巴尔的摩召开的第十届得克萨斯国际相对论天体物理学术会议。会议期间他认识了科罗拉多大学教授理查德·玛克瑞（Richard McCray），两人相谈甚欢，结为好友。会后陆埮便邀请玛克瑞教授来南京大学访问，进行科学研究成果交流。在访问期间，玛克瑞教授还专门登门拜访，并且在陆埮家中与陆埮的三名硕士研究生王青德、左林、惠小惠以及天文系黄克谅教授的硕士研究生黄家声等一起进行学术交流。玛克瑞教授与几位研究生探讨各种类型的问题，也极大地引起了学生们的兴趣，师生之间谈笑风生，其乐融融。几位研究生也颇具胆识，大胆地讲出自己的想法，对某些主流学术观点提出了批驳与质疑，这给玛克瑞教授留下了深刻的印象。

在座谈会即将结束时，玛克瑞教授当面对陆埮表示，他的这三位硕士生学术水平很高，是搞学问的好苗子。他希望能在这里提前录取他们，等他们硕士毕业后，邀请他们远渡重洋到美国攻读博士学位，邀请信和录取通知书由他负责寄送。同时，他也表示，黄家声硕士毕业后也可以来美国攻读博士学位。这场在家中的谈话，因学术水准极高，涉及了众多学术问题，竟意外地成为博士生入学的"招生考试"。所有的学生都顺利地通过了考验，获得了攻读博士的入场券。玛克瑞教授根据这些硕士生各自的学术兴趣与性格特点，分别介绍给他的同事。王青德进入哥伦比亚大学，左林进入加州理工学院，惠小惠进入哈佛大学，陆埮的三位研究生都进入美国一流大学攻读博士学位。

2002 年适逢陆埮七十华诞，人生七十古来稀。5 月 22 日至 25 日，他的学生和天文学界的朋友在南京中山宾馆举办了"当代天体物理及相关物理前沿研讨会",以表敬意。多家单位参与庆贺,包括北京大学、清华大学、北京师范大学、南开大学、中国科学院物理研究所、中国科学院理论物理研究所、中国科学院高能物理研究所、中国原子能科学研究院、中国国家天文台、北京天文馆、中国科学技术大学、上海交通大学、上海师范大学、广州大学、香港大学、上海天文台、上海科技出版社、苏州大学、南京大学、南京师范大学、东南大学、紫金山天文台、云南天文台、厦门大学、内蒙古大学、华中师范大学、美国麻省理工学院、科学时报社等。连同国际友人在内,共 200 多位嘉宾齐聚一堂。在场的中国科学院院士就有五位,最年长者是 88 岁高龄的何泽慧院士。寿宴上何泽慧先生动情地说道:"我最佩服的几个人,其中一个就是陆埮。"陆埮的挚友,与其合作通信科研的罗辽复也动容地说道:

"我们这一批北大的学号为 5302 的人,是对科学最执着、最有兴趣的一群人。大学基础打得好,但科研无人指导,没有一个是研究生,又逢政治运动、'文化大革命'浩劫,所以是离开全球科学大军的一小队人,凭着他们的勤奋,在不断失败中探索,终于找到了一条路,知道自己该如何做,并且获得了一些成绩。"

何香涛教授还挥笔作诗一首,为陆埮庆寿:"书读百家志在攀,幽径九曲路未坦。泰山之峰云遮雾,惊叹已在脚下边。"这首诗赞美了陆埮发奋苦读、勤学不辍。他涉猎广泛,对物理学的各个分支学科的内容能够融会贯通。前进道路

何香涛教授为陆埮七十大寿题诗

并不平坦，他却能始终上下求索，攻坚克难，踏平坎坷成大道，斗罢艰险再出发。他苦苦登攀科学的高峰，不畏浮云遮望眼，心无旁骛，数十年如一日，等到蓦然回首，他却已经站到了科学的高峰之上。

一个知名的学者，不仅要学问做得好，更要德才兼备，应该具备高尚的品格。"以诚感人者，人亦诚而应。"用真诚去打动别人，别人也会回报你以真诚，真善美是大家共同的追求，而假恶丑是大家所共同厌弃的。陆埮被人们比作中国天文学界的"奇异星"，就在于他能为人所不能为，想人所不能想。无论是他的人生经历，还是他的科研成就，都堪称传奇。"世之奇伟，瑰怪，非常之观，常在于险远，而人之所罕至焉。"陆埮敢于攀登科学的顶点，无所畏惧，拼搏向前。他将平凡的事干成了奇异伟大之事，凭高而望，荣誉满载，熠熠生辉：1978 年，因"基本粒子理论研究"获得"国家重大科技成果奖"，并获全国科学大会授予的"全国先进科技工作者"称号；1980年，"基本粒子理论和高能天体物理"研究获内蒙古自治区科技成果一等奖；

1987 年，作为主要研究者之一开展的"超新星遗迹和中子星研究"获国家自然科学奖三等奖；1992 年起，享受国务院颁发的政府特殊津贴；1993 年，被江苏省教育委员会、江苏省学位委员会评为优秀研究生教师；1996 年，作为第一完成人进行的"奇异星及其观测效应的研究"获原国家教委科技进步奖一等奖；1998 年，完成的"脉冲星辐射级联过程和代参数的研究"获教育部科技进步奖三等奖，并因其在中国天文科学研究中的显著成绩，荣获 1998—1999 年度中国天文学会

2008 年陆埮获"何梁何利基金科学与技术进步奖天文学奖"

张钰哲奖；2001 年和 2004 年，两次获"全国优秀博士学位论文指导教师奖"；2002 年，"伽马射线暴余辉和能源机制的研究"项目荣获教育部自然科学奖一等奖；2003 年，获国家自然科学奖二等奖；2007 年，参与完成的"物理改变世界"项目获国家科技进步奖二等奖；2008 年，获何梁何利基金科学与技术进步奖天文学奖，同年，被中国科学院研究生院授予"杰出贡献教师"称号……

2012 年 2 月 23 日，国际天文学联合会小行星提名委员会批准，将中国国家天文台在 1998 年 2 月 23 日发现的小行星（国际永久编号为 91023）命名为"陆埈星"，以表彰其在天文学研究领域所做出的突出贡献。恰巧 2 月 23 日这一天还是陆埈的 80 岁生日。为了庆祝这一双喜临门的重要时刻，2 月 23—25 日，中国科学院紫金山天文台、中国科学院国家天文台、江苏省天文学会、南京大学天文与空间科学学院、南京大学物理学院、中国科学院高能物理研究所、中国天文学会高能天体物理专业委员会、中国科学院理论

中国科学院国家天文台台长严俊向陆埈院士颁授"陆埈星"证书

物理研究所、中国物理学会引力与相对论天体物理分会共计九个单位联合在南京的维景国际大酒店举办"天体物理与相关物理前沿研讨会",庆贺陆埮的八十华诞。陆埮在庆贺大会上作为首位发言人,做了题为"百年宇宙学回顾与展望"的学术报告,既是对宇宙学发展史的回顾,也是对自己几十年学术人生的一个总结。听者无不感动,热烈的掌声持续了许久。

人因学而进,学以人而兴。陆埮是国内天文学界的泰斗级人物,他与这门学科的发展息息相关,难舍难分。他既是学术发展的亲历者与贡献者,也是将来总结这段学术史时的代表性人物。众多主办单位选择在陆埮庆贺寿辰的时候,同时举办盛大的学术会议,其用意之深刻,盖在于此。

雅俗当共赏

雅与俗是一对相对的概念,但二者并没有高下之分。雅,并非单纯指高雅;俗,也并非指低俗。这里的"雅"指的是专业化程度强、书面化程度高、内容更偏于理论的一类科学、文学、艺术表现形式。而"俗"指的则是受众很广,比较偏向于口语化,更适合市民阶层口味的一类表现形式。在古代的音乐中,这种雅俗之分尤为明显,因而被分为"阳春白雪"和"下里巴人"两种类型。阳春白雪指的是雅音乐,下里巴人指的是俗音乐。我们更为熟悉的则是雅文学与俗文学,在我国文学史上,这是两条并列发展的路线,虽然时有交叉,但基本保持了主体性的完整。雅文学一般指的是用书面语创作的文言文作品,包括唐诗宋词等。俗文学则指历代的市民文学、民间文学,包括元曲和小说等。但雅和俗之间的界限也不是那么泾渭分明的,有时也会互相转化,比如词这种文体在最初属于俗文学,随着后世的演化,最终成为雅文学的一种代表形式。所以我们可以说,俗与雅之间并没有明确的界限,而且是殊途同归的,虽然表现形式不同,但精神内核并无太大差异。

　　陆埁是一位严谨的科研工作者，他的主要工作是探索人类未知的领域。但他绝不是那种拘泥于书斋、与世隔绝的人。陆埁从不以长者自居，向来没有架子，乐于与青年人平起平坐，紧跟时代潮流，对新事物总是怀着极大的热情和接受度。例如，他常常利用网络平台，与同事、朋友、学生热烈讨论各种问题。逢年过节，他还会精心制作电子贺卡发送给大家，传递温馨与祝福。他对数码相机也很感兴趣。早些时候，他就用数码相机记录资料，为科研论文的写作提供了准确而生动的素材。外出开会时，无论是遇到古典文物还是优美景致，他都会拿起相机，定格那些美好的瞬间，俨然一位技艺娴熟的摄影师。而陆埁最热衷的社会活动就是到全国各地去举办科学讲座，交流科研心得，普及科学知识，年年如此，乐此不疲。

　　陆埁科普报告会的受众类型很多，既有高校的学生、研究人员，也有企业职员、国家机关干部、中小学生。他秉持着"有教无类，因材施教"

2013 年陆埁在金陵图书馆以"宇宙物质起源"为题为南京市民做科普讲座

的原则，每次做报告会之前，都会根据受众的具体情况来灵活调整报告会的内容和讲解方式。陆埮的讲座通常持续 2 小时，他一般选择一个问题进行展开，层层深入、环环相扣，随时引用各种资料进行论证，直到将这个问题彻底讲透，确保听众能够理解透彻并有所收获。讲座结束后，陆埮会留出时间进行提问环节，这时候听众们会踊跃提问，陆埮来者不拒，耐心地回答听众们提出的问题，知无不言，言无不尽。有些时候提问环节的时间甚至会超过讲座时间，但他总是乐此不疲，直到因为超时太多才不得不结束。许多听众意犹未尽，和陆埮约定日后写信求教。陆埮也总是欣然答应，愿意为更多人打开科学的大门。

陆埮学识渊博，涉猎广泛，且颇具谦谦君子之风，他的各种讲座广受好评。"有心栽花花不开，无心插柳柳成荫。"有时候陆埮会应邀到中学去做讲座，他的报告往往在不经意间激发起许多学生对物理学、天文学以及天体物理学的兴趣。高考后填报志愿时，一些学生毫不犹豫地选择了这些学科的相关专业。曾经聆听过陆埮报告的张志彬回忆道：

"第一次有幸与陆先生谋面是在 2002 年秋中国科学技术大学天体物理中心二楼报告厅，那天先生向全校师生作题为'宇宙学与诺贝尔奖'的学术报告，报告厅座无虚席，就连过道都挤满了师生，场面之热烈让人震撼。他详细介绍了当时刚被授予诺贝尔物理学奖的两大成果：宇宙 X 射线的发现和宇宙中微子的俘获，这两大成就分别导致 X- 射线天文学和中微子天文学的诞生。这是我第一次聆听天文学专业的学术报告，虽然那时对宇宙学公式并不理解，但先生的讲解十分浅显易懂、声情并茂，精彩至极的报告使我对天文学产生了浓厚的学习兴趣，从而选择天文学作为自己长远的发展方向。"

人生的道路是很漫长的，但关键处只有那么几步，每次抉择都会影响人生的发展方向。陆埮的科学讲座内容丰富、思想深邃、深入浅出、语言生动，给那些听讲座的青年学子带来了很大的震撼，一部分人因此和物理学结缘，将从事物理学研究作为自己的终身志业。

陆埮的研究领域十分广泛，他对物理学的各个分支也十分熟悉，加上丰富的教学实践与培养研究生的经验，他能驾驭的演讲题材丰富多样，几乎没有什么是他不能谈的。陆埮报告的主题既包括基本粒子、高能天体物理、伽马射线暴、宇宙学等学术前沿进展，也涉及学习与科研、研究生的指导培养、科普作品的创作等方法论介绍，还包括历届诺贝尔物理学奖、科学发展史上的著名事件、各物理学分支的代表性人物及诸多基础理论。除了一些单位的特别邀请，绝大部分的报告是陆埮出差、开会之余，为当地的学校以及研究所作的。

陆埮曾应邀到四川南充的西华师范大学做讲座，至今仍可在其学校科研处的官网上找到相关的简讯：

（2009 年）4 月 16 日晚，中国科学院院士、紫金山天文台研究员、中国引力与相对论天体物理学会理事长、南京大学物理系教授、博士生导师陆埮来我校作题为"从物理学角度看宇宙"的学术报告……报告吸引了众多爱好天文的师生，全场座无虚席。陆院士从学生已有的知识基础开始，先后介绍了"天体加速远离""宇宙不断膨胀"等神奇现象的实验证据和大爆炸基础知识。以大量的数据图表资料，阐述了当下正在研究的宇宙膨胀现象的成因、发展，着重为师生讲解了关于"宇宙中存在的暗物质和暗能量"的前沿科学成果和研究的发展方向，并鼓励大家努力学习，投身物理研究，为科学发展做贡献。

由此可以看到，陆埮院士的学术报告总是以大家熟悉的基础问题为起点，逐渐推导，层层深入，最后能够做到深入浅出，将复杂的物理学问题用明晰的语言表述出来，并寄希望于年轻人，鼓励他们继续努力，将物理学进一步发扬光大。

国际知名的宇宙学家、南非国家科学院院士马寅哲教授在回忆陆埮关于诺贝尔奖的科普报告时谈道：

"最初认识陆老师是我上大一那一年的下半学期，当时我是南京大学物理系的本科生。物理系举办了'物理学与交叉学科论坛'活动，经常请一些国内外知名的专家学者给本科生做科普性质的报告。当时陆老师来讲的时候，正值 2002 年诺贝尔物理学奖揭晓，他就以此为题作了一个'中微子失踪之谜与 2002 年诺贝尔物理学奖'的报告。他说 2002 年的诺贝尔物理学奖获得者之一小柴昌俊，其实做学生的时候成绩并不是很好，但是东京大学物理系最后还是接收了他。相类似的，2012 年的诺贝尔生理学或医学奖给了一个叫约翰·格登（John Gurdon）的英国人，而此人在高中时期的生物学成绩是最差的，后来终究通过自己的努力取得了很大的成就。这个事实再次验证了陆老师的话。"

"牢骚太盛防肠断，风物长宜放眼量。"不能因为一时的失利或挫败，就对自己丧失希望，然后自暴自弃。我们应当相信，严冬之后就是温暖的春天，天不生无用之人，地不长无名之草，每一个人都能创造出自己的一番事业。付出了极大的努力之后，不一定能马上拨开云雾见天明，这时还需要有些等待。人间大器多晚成。陆埮正是采用了一种润物细无声的方法，将如何对待成败、如何看待一时的得失、如何选择人生的方向等思想问题的解决方案都巧妙地融入了自己的科普讲座中，在不经意间道出了人生的大智慧。所以说，陆埮的科普讲座，不仅是科学的盛宴，更是思想的大餐。

陆埮在入职中国科学院紫金山天文台后，受报纸杂志的约稿而写科普文章，应各个单位的邀请做科普报告，这些成为他生活中的一部分。许多人狭隘地认为这是不务正业，浪费了宝贵的科研时间。然而，陆埮却认为，个人的生命是有限的，自己这一生能够教的学生也是有限的。如果能够将自己的科研成果介绍给社会，把课堂教学的内容普及到社会，那么就能从有限发展到无限，这是一件有深远意义的大好事。

早在南京电讯仪器厂工作期间，陆埮就应邀到许多单位做过报告，之后一直没有中断过这项事业，因为没有刻意地去记录，到底这么多年讲过多少场报告已经是一个未知之数，数量无疑是巨大的。

从 2006 年开始，紫金山天文台需要统计陆埮做的科普报告的数量，这才开始将每次报告记录在案，由此有了统计的依据。根据陆埮妻子周精玉的仔细统计，从 2006 年至 2012 年，历年所做报告的数量分别为：2006 年 37 个，2007 年 22 个，2008 年 19 个，2009 年 32 个，2010 年 26 个，2011 年 27 个，2012 年 29 个。尽管没有计入 2006 年之前和 2012 年之后所做的报告，但数量已经相当可观，报告密度也非常高，这是很少见的。2009 年是国际天文年，当年陆埮除了做了大量科普报告之外，年初时还为科普刊物《中国国家天文》撰写了一篇题为《解开宇宙之谜的十个里程碑》的文章，这篇文章被数十家报刊及网站转载。后续的约稿更是源源不断，预约的活动也都排到了几个月之后。

陆埮的科普报告最大的特点就在于能够抓住物理学前沿热点问题，充分满足听众的好奇心与求知欲。他报告的主题也经常更换，与时俱进，与科研现状紧密联系。不会像有些做报告的主讲人，无论走到哪里都是一个主题讲到底，发言的文稿几乎都能背下来，陷入模式化、单调化的泥潭。

致敬先贤业

云山苍苍，江水泱泱。先生之风，山高水长。人们常说，前人栽树，后人乘凉。望着前人远去的背影，我们也会受到某种激励，加快脚步，跟上前人的步伐，甚至超越前人。长江后浪推前浪，那些在某个领域建立不朽功勋的前人，是可超越而不可逾越的。当我们能便利地利用他们给我们打下的基础前行时，我们应该向他们致敬。

陆埈十分赞赏法国著名的微生物学家、化学家路易斯·巴斯德说的一段话："当生活于实验室和图书馆的宁静之中，你们首先应该问自己：我为自己的学习做了什么？而当你们有所进步的时候，再问问自己：我为自己的祖国做了什么？直到有一天，你们可以因自己已经用某种方式对人类的进步和幸福做出了贡献而感到巨大的幸福。"

宁静而幸福的生活是大家共同追求的，当自己享受这一切时，一定会有其他人为自己负重前行，默默付出。知识分子应该认识到，自己脱产进行科研和学习，并不到生产一线劳动，这绝对不是什么值得骄傲的资本。那种"四体不勤，五谷不分"的态度应该予以摒弃。我们并不否定脑力劳动的价值，但脑力劳动者应该与最广大的人民心连心，绝对不能饱食终日、无所事事。我们应该时时念及他人对我们所付出的一切，发愤学习，努力工作，在服务人民的过程中获得巨大的幸福。

具体到科学的普及工作上，陆埈深受美国核物理学家、宇宙学家乔治·伽莫夫的影响。他十分佩服伽莫夫，并赞叹伽莫夫是一个伟大的科学家，一生所取得的"贝塔衰变理论""大爆炸宇宙学""遗传密码"三项重要的科研成果都有获得诺贝尔奖的资格。

伽莫夫主要研究核物理学，早年提出原子核的核流体假设，对建立现代核裂变和核聚变理论产生了一定影响。1928 年，他提出用质子代替 α 粒子轰击原子核的理论构想，这一成果对核物理学的发展具有重要意义。他把核物理学用于解决恒星演化问题，1939 年提出超新星的中微子理论，1942年提出红巨星的壳模型。20 世纪 40 年代，伽莫夫与他的两名学生——拉尔夫·阿尔菲和罗伯特·赫尔曼一道，将相对论引入宇宙学，提出了热大爆炸宇宙学模型。热大爆炸宇宙学模型认为，宇宙最初开始于高温高密的原始物质，温度超过几十亿摄氏度。随着宇宙膨胀，温度逐渐下降，最终形成了星系等天体。他们还预言了宇宙微波背景辐射的存在。1948 年，他提出新的化学元素起源理论，认为各种元素是在中子连续俘获过程中产生的。此外，伽莫夫还提出蛋白质遗传密码的设想，他认为 DNA 双螺旋结构中由碱基间氢键形成的空穴的 4 种角对应 4 种碱基，4 种碱基的不同排列组合构成遗传密码。这一设想为后来的分子生物学提供了重要启示。不仅如此，伽莫夫有感于自己幼年时没有科普类书籍可读的经历，因此格外地重视科学普及工作。在他出版的 25 部著作当中，科普类书籍就占到 18 部，其中一些流传很广，影响深远，例如《物理世界奇遇记》《宇宙的起源》《从一到无穷大》《太阳简史》，等等。

伽莫夫学养深厚，对自然科学的各个门类都有很丰富的知识储备，可以将整个自然科学融会贯通，写作时信手拈来，学科之间交叉融合而不留痕迹。他又极具人文底蕴，文笔流畅，其著作的可读性很强。他的科普著作写作风格后来被陆埮所继承。

比如伽莫夫写的《从一到无穷大》就是一本"通才教育"式的科普书，内容涉及自然科学的方方面面。与其他常见的按主题分类来写作的科普著作不同，作者以一个个故事为引子并串联全文，把数学、物理乃至生物学的许多内容有机地融合在一起，让人在妙趣横生、恍然大悟以及莞尔一笑中概览自然科学的基本成就和前沿进展。

这绝对可以说是大家风范，他把数学、物理、化学、天文学、地质学、生物学乃至遗传密码的许多前沿内容有机地融合在一起，让读者跟着他天马行空、遨游知识的海洋。全书从基本的数学知识谈起，用大量有趣的比喻，重点阐述了爱因斯坦的相对论和四维时空结构，给读者展示了一个全新而充满趣味的物理世界，讨论了人类在认识微观世界（包含基本粒子、基因密码）和宏观世界（包含太阳系、宇宙天体）方面所取得的成就。

受到先贤精神的感召，陆埮从 20 世纪 60 年代起就经常在报刊上发表科普性文章，旨在向人民大众普及科学常识，传播科学文化知识。1978年，正面临科研方向转向的陆埮决定写一本关于粒子物理的科普书，既是对自己从事粒子物理研究的一个总结，又可以把粒子物理这个领域介绍给社会，一举两得。陆埮邀请他的挚友罗辽复一起参与撰写，两人分工合作，最终把书名定为《从电子到夸克》。1983年，原书的初稿已经完成，进入了修改、补充和待出版阶段。1986年，陆埮与罗辽复合著的科普著作《从电子到夸克：粒子物理》由科学出版社出版发行。同年，中国现代理论化学的开拓者与奠基人唐敖庆院士来到南京大学化学系讲学，陆埮送给唐院士一本签名本，请他惠阅雅正。唐院士在看过此书之后，对陆埮说："这本书写得很好，真不容易，你们站得高，看得远。"因为销量很好，这本书在1992年发行了第二版。2005年，作者又根据最新的科学发展动态及成果，对书进行了改写和修订，随后发行了第三版，并将其编入《物理改变世界》丛书。这套丛书在2007年获得了国家科学技术进步奖二等奖，这也是目前科普类图书获得的最高奖项。

当年与陆埮合作写书的罗辽复对此回忆道：

"陆埮是一位理想主义者，在科学的追求中度过了不凡的一生。他的一生就是'工作，工作，再工作'，这是他女儿对他的评价。陆埮在大量紧张的科研工作之余，还特别关注科普著作。他认为一本好的科普著作对科学发展的贡献绝不亚于一部专著。在他的约请下，我们合作写了《从电子到夸克》。他对写作极度认真，书中每一个图表中的粒子数据，都要查最新的原始数据进行核对。去年初，他想利用这套丛书再版的机会做一次全面的修改，和我详细讨论了修改计划。可以告慰陆埮的是：尽管他不幸过早去世，未能亲手执行这个计划，我已依据他的想法，完成了这一工作。陆埮写科普有一个特点，愿意收集科学史的故事写在书中。《从电子到夸克》这本小书就体现了这个风格。"

　　陆埮对自己的著作向来是精益求精，以一种近乎虔诚的态度，去完成每一个细节，核对每一条引文。"看似寻常最奇崛，成如容易却艰辛。"传世之作往往都需要经过精心地打磨，倾注作者大量的时间与心血，慢工出细活。比如西晋时期的著名文学家左思用了整整十年的时间，全身心地写作《三都赋》，其间他再没有其他作品问世。当时的人都嘲笑他拿不出作品，说他是盛名之下，其实难副，不过是个平平庸庸的人罢了。但左思顶住压力，不予理会，精心结撰，积十年之功，《三都赋》终于问世。一时之间，人们争相传抄，观之唯恐不及，都认为这是大美雄文。因为抄写消耗了大量的纸张，洛阳的纸价都因此抬高了不少，一时之间"洛阳纸贵"。

　　陆埮长期工作在科学研究的第一线，对科研的最新动态及前沿发展成果了如指掌，这也是他能写出极具分量的科普书籍的先决条件。否则就只能在科普书里谈一些浅显的常识，罗列一些百科知识，无法鞭辟入里地把问题讲通弄透。没有这个"金刚钻"，确实不能揽瓷器活。他的第一部科普书籍出版后，反响很好，收到了许多读者来信，与他探讨分享读书的心得体会。陆埮再接再厉，在1994年又出版了科普性质的力作——《宇宙：物理学的最大研究对象》。该书的主要内容属于天体物理范畴，也就是陆埮在实现科研转向之后的研究领域，与先前出版的展现粒子物理领域的《从电子到夸克》可以合称"双璧"。

　　随着国民受教育程度的提高以及高等教育的普及，人民群众对科学文化知识的需求与日俱增，都想要进一步拓宽视野，提高思维能力，了解科技发展的前沿动态。那种传统的"学院派"科研已经越来越不适应社会的发展，科技工作者需要对社会的强烈呼声有所回应，最好的方式就是产出更多的科普著作，将神秘而复杂的自然世界以通俗易懂的方式介绍给人们，使科研成果得到社会性的转化。功在当代，利在千秋，陆埮的工作无疑顺应并领先了这一发展潮流。

　　1983年，《科学画报》杂志社主办了"1983年世界十大科技进展"的评选与宣传活动，旨在介绍一年来世界科技发展的最新动向与取得的成果，激发读者对科学研究的兴趣，鼓励更多的人投身到科学研究的事业之中。陆埮当时获邀担任了评委和学科专家。

在"1983年世界十大科技进展"评选与宣传活动中，有大量的青年学子都参与进来，积极地建言献策，提出了自己心中的评选标准和评选选项，气氛十分热烈。活动结束后，陆埮意识到杂志这种媒介对科普的推动作用很大，鉴于这次讨论所引发的青年学生的热情，他觉得应该要有一种定期发行的杂志来满足广大青年对科学知识的渴望，加上他曾有在南京电讯仪器厂创办《电子技术与数字化》的经验，创刊一事就被提上了日程。

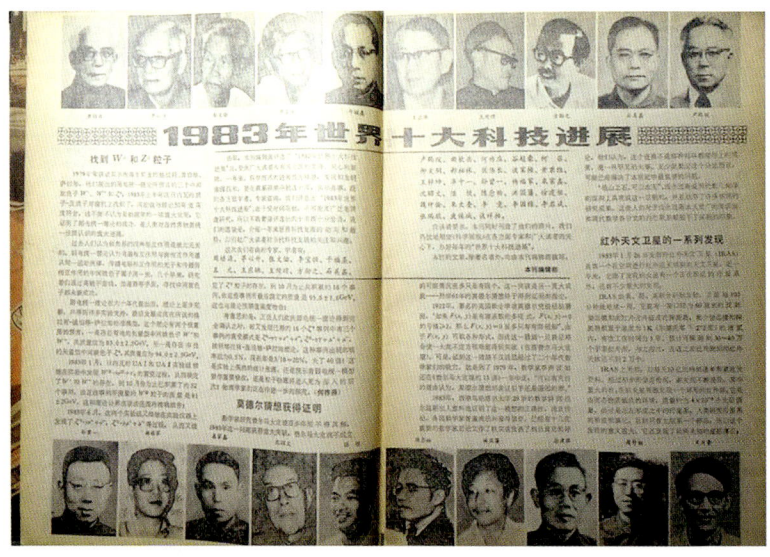

陆埮参与"1983年世界十大科技进展"的评选与咨询活动

陆埮在调入南京大学天文系成为博士生导师几年之后，又被聘为南京师范学院（后改制为南京师范大学）物理系的兼职教授。陆埮当时还兼职担任了南京市科协物理学会理事长，兼职担任该学会秘书长的夏琦教授恰巧是南京师范学院物理系的教授。陆埮便出面提出可以和南京师范学院物理系合作创办一个科普性物理期刊，主要受众是本科大学生、初高中教师以及各阶段的中学生，刊物名称就叫《物理之友》。

1985 年 1 月，由南京物理学会、南京师范大学物理系联合主编的第一期《物理之友》正式出版发行。《物理之友》主要栏目内容包括历年高考真题的简便解法、大学物理与中学物理的衔接、物理学科前沿知识介绍、中学物理教学中的重难点、教学经验交流等。陆埈不仅为该杂志题签了刊名，还为杂志创刊号题写了"审天地之美，穷万物之理"的发刊词，寄托了对该杂志的殷切期望和美好祝愿。从 1985 年创刊至今，《物理之友》已走过了几十年的风风雨雨，始终以质量为先、内容为王，在国内物理教学界仍然有着较高的知名度，并朝着国内先进水平的著名科普杂志的目标稳步前进。

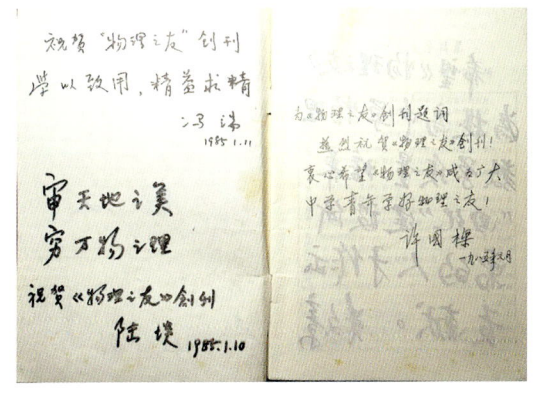

1985 年 1 月陆埈为《物理之友》创刊题词

1985 年 1 月《物理之友》杂志创刊号

大地书华章

"胸次早具良知行，天地虚渺吾存真。丹苗生发须药引，邺架巍巍用力深。"陆埈十分强调知行合一，要把论文写在祖国的大地上，把学院里的知识引入寻常百姓家，使知识发挥更大的作用。

2019 年 9 月 16 日，陆埃在上海华东理工大学做 "爱因斯坦与物理学革命" 的系列科普报告。为了使更多的人能够学习到这些真知灼见，让 "旧时王谢堂前燕" 飞入 "寻常百姓家"，总部位于北京的 "超星数字图书馆" 专程派人去录像，将论坛的系列讲座通过视频的方式完整地记录下来，并传至数据库。这样全国各地的青年教师、学生以及科学爱好者都可以随时随地观看到这些一流的报告，使 "好的大学没有围墙" 这种先进理念深入人心，这对构建全民学习型社会也大有裨益。

陆埃的学术偶像爱因斯坦曾经说过这样一段话：

"我每天上百次地提醒自己：我的精神生活和物质生活都依靠着别人（包括生者和死者）的劳动，我必须尽力以同样的分量来报偿我所领受了的和至今还在领受着的东西。我强烈地向往着简朴生活，并且时常为发觉自己占有了同胞的过多劳动而感到难以忍受。"

陆埃和爱因斯坦可以算是异代知己了，他们在思想上存在着许多相似的地方，真是互相可道 "于我心有戚戚焉"。爱因斯坦清醒地认识到，自己之所以能够全身心地投入到科学研究工作中，而不必为生活而发愁，是因为同胞的劳动养活了自己，因此自己不能无动于衷，否则便成了一个寄食者。他必须努力工作，并做出一定的成绩，才能报答那些对自己寄予厚望的同胞。陆埃也从来不愿意做尸位素餐之徒，他一刻不停歇地发光发热。无论是在实验室里科研攻关，还是到祖国的大江南北开展科普讲座，他心中始终有一个信念：要尽全力工作，将自己的想法转化为行动，到祖国各地去播撒科学的种子，这样才能不忘初心，不负自己的一日三餐。

2011 年 4 月，陆埃前往四川成都，为南京大学物理学院的招生工作做科普报告。2011 年 4 月 27 日，陆埃来到了声名远扬的成都树德中学，为 300 多名毕业班高中生做科普报告。报告结束后，许多高中生纷纷请求陆埮留下名片，希望在今后学习物理的过程中如果遇到什么难题，能够方便向他请教。28 日，陆埮又来到历史悠久的成都石室中学，为 400 多名毕业班学生做了题为"宇宙物质人类知多少？"的科普报告。接下来的几天，陆埮相继在好几所中学做科普报告，听众共计达 5000 人。连续数日奔波，陆埮虽然感到有些辛苦，但当他看到高中生们青春洋溢的面庞和旺盛的求知欲时，感到欣慰不已，为中国的科学研究后继有人而由衷地高兴。

后来，一个学生为了探讨学习物理的方法，按照名片上的地址给陆埮写了一封信。信中，他表达了对长期学习物理的深深忧虑：复杂难懂的公式、抽象晦涩的概念常常让他感到力不从心。随着时间的流逝，他的学习热情逐渐被消磨，信心也开始动摇。面对这样的困境，他萌生了一个念头：想通过短期突击，快速掌握一些物理的基本理论与概念，以应对眼前的学业压力。他甚至想，如果失败，就选择放弃。陆埮深切感受到了这个学生的困惑和挣扎，他回信鼓励学生：学习要想取得成就，必须学会坚持。世上没有轻轻松松就能获得的成功，只有经历风雨后才能见到彩虹。如果在学习过程中遭受挫折，更要咬牙挺住，硬着头皮也要继续前行，尤其不能自暴自弃。这既是做学问的大忌，也是做人的大忌，学问和人生其实并没有太大的不同。陆埮的话如同一盏明灯，照亮了学生前行的道路。

一花独放不是春，百花齐放春满园。陆埮积极指导国内的天文学发展，为相关单位建言献策，贡献自己的智慧，希望全国各地的天文学研究都能蓬勃发展，最终汇流成河，聚成滚滚洪流，奔腾向前。

2009 年至 2014 年，贵州大学曾四次邀请陆埮来校讲学并指导天文学科的发展。陆埮每次都欣然前往，并根据贵州大学的具体情况，积极地建言献策，提出了许多可行的方案。陆埮曾多次提议贵州大学应该抓住

"中国天眼"在贵州建设的大好机遇[1]，把天文专业作为贵州大学的重点学科进行特别扶持。"近水楼台先得月"，这也是其他地区的高校和科研单位想都不敢想的好机会，千载难逢，不可错过。2012 年 11 月 2 日，陆埮再次受邀在贵州大学做了题为"探测宇宙"的天文科普报告，并鼓励在场的大学生抓住机遇，努力学习，不负韶华，不负时代，为把我国的天文学研究推上一个更高的平台而努力奋斗。2014 年 4 月，贵州大学计划召开一次小规模"天体物理前沿专家报告会"，当时陆埮体有微恙，但收到邀请后还是坚持参加，并精神饱满地做了一个关于"伽马暴研究"的学术报告。

2012 年 11 月陆埮携夫人于贵州平塘的"中国天眼"台址合影留念

1　中国天眼，全称"五百米口径球面射电望远镜"（Five-hundred-meter Aperture Spherical radio Telescope，简称 FAST），位于中国贵州省平塘县。

2012 年 10 月 20 日，陆埮受邀参加了在上海浦东科技馆举办的第 19 届 "上海科普论坛"，并在论坛上做了 "宇宙中的暗物质与暗能量" 的科普报告。10 月 27 日至 28 日，他还参加了庆祝 "上海 65 米射电望远镜落成、中科院上海天文台成立 50

2013 年陆埮被授予 "2012 年度上海科普大讲坛·科普宣讲大使" 称号

周年暨建台 140 周年庆典"，并题写了 "探索宇宙奥秘，攀登科学高峰" 的祝词。

陆埮还十分热心地助力家乡建设，服务于生于斯、长于斯的桑梓之地。在他心中，家乡是每个人的人生根脉之所系，亦是漂泊游子最深沉的眷恋。就像树高千尺终有根，江流万里必有源。

2012 年 9 月 13 日上午，陆埮在苏州市会议中心参加苏州籍院士回乡服务活动，此次受邀的中国工程院院士共 7 人，中国科学院院士 4 人。9 月 14 日至 16 日，陆埮又回到了家乡常熟，参加 "苏州物理学会年会暨苏州市第七届学术年会物理分会"，并在大会上做了题为 "百年宇宙学" 的学术报告。陆埮精神矍铄，乡音未改，所有人都倍感亲切，不禁想起了唐代贺知章的诗句："少小离家老大回，乡音无改鬓毛衰。儿童相见不相识，笑问客从何处来。" 这诗句从未像此刻这般含义隽永，回味悠长。陆埮同时还参加了 "常熟籍院士家乡行暨第二届学术年会"，与吕达仁、陈祥宝、翁宇庆、范滇元、田禾等其他乡贤一起被常熟市人民政府聘为顾问，为家乡的发展建设积极地建言献策。

2012 年 9 月 13 日"苏州籍院士回乡服务活动"合影留念

　　"少年尝梦不朽业，托志道德与文章。"陆埮笃定地坚守科研的梦想，如磐石般无所改移。几十个春秋的风风雨雨，他始终初心不改，奋勇前行。他真正做到了从人民中来，到人民中去。在实验室里他潜心撰写出具有独创性的科研文章；而走出实验室，他用自己的双脚丈量着祖国的大地，将科研成果转化为实际应用，为国家和人民做出了实实在在的贡献，把论文写在了祖国的大地上。"最是人间留不住，朱颜辞镜花辞树。"而那首经典之作《大地》的歌词，却也能描绘出陆埮丰富人生的几分风貌，久不能忘：

　　　多少年向往的日子 总感到古老神秘

　　　多少段光荣的历史 我已经记不清

　　　千千万万的身影 在大地的怀里

　　　弯弯曲曲的流水 涌在心底

眼前不是我熟悉的双眼 陌生的感觉一点点

但是他的故事 我怀念

回头有一群朴素的少年 轻轻松松地走远

不知道哪一天 再相见

多少段难忘的回忆 它说来并不稀奇

多少次艰苦的开始 他一样挨过去

患得患失的光阴 是从前的命运

奔向未来的憧憬 充满大地